名古屋恒彦
［編著］

アップデート！
各教科等を合わせた指導

豊かな生活が切り拓く
新しい知的障害教育の
授業づくり

東洋館出版社

まえがき

各教科等を合わせた指導は、戦後の民主的な学校教育が開始されて以来、今日まで、知的障害教育の現場で、生き生きと実践され、大きな成果をあげてきました。

子どもと教師が本気で取り組む、やりがいと手応えのある生活は、子どもたちに確かな「生きた力」を養ってきました。

筆者はそのような、生き生きとした生活を実現する各教科等を合わせた指導が大好きです。大好きなものですから、多くの先生方とその魅力を共有できればと、いつも願っています。

二〇一七年から順次公示された新しい学習指導要領では、通常の教育においてもこれまでに大きな変革がなされましたが、その変革を貫く理念は、各教科等を合わせた指導が大切にしてきたことと重なります。新しい学習指導要領の風が、各教科等を合わせた指導をますます元気にしてくれるように、筆者には思えます。

しかし、新しい学習指導要領の公示に向け、その輪郭が明らかになるにつれ、「これから生活単元学習はどうなるんですか？」というようなお尋ねをいただくことも増えてきました。

新しい学習指導要領から各教科等を合わせた指導の実践への不安が生まれる理由は筆者なりに理解しているつもりです。不安のよって来るところは、新しい学習指導要領が通常の教育と知的障害教育の連続性を高めている点にあります。とりわけ、知的障害教育における教科の示し方が大きく変わっていることは、知的障害教育の現場で独自の指導法として発展してきた各教科等を合わせた指導のあり方に影響を与えるのではないかという不安を現場に引き起こしているようです。この不安を解消し、ポジティブに、自由に、各教科等を合わせた指導が実践できればとも思います。

筆者は通常の教育と知的障害教育との連続性を高める新しい学習指導要領の姿勢に大いに賛成しています。その上で各教科等を合わせた指導のいっそうの充実を期待しています。連続性が高まることで、各教科等を合わせた指導の魅力が通常の教育にも広がればと願っています。

本書の刊行は、このような思いに基づくものです。

本書の構成は、以下のようになっています。

「Ⅰ　新しい学習指導要領をどう読むか」は、新しい学習指導要領の下で、各教科等を合わせた指導がますます元気に実践できる根拠と留意点を述べています。

「Ⅱ　新学習指導要領のキーワードと知的障害教育の授業づくり」では、新しい学習指導要領でキーワードとしている「育成を目指す資質・能力」「主体的・対話的で深い学び」「カリキュラム・マネジメント」「社会に開かれた教育課程」が、各教科等を合わせた指導でいっそう効果的に展開できることを述べています。

「Ⅲ　教育目標『自立』と『できる状況づくり』」では、知的障害教育が大切にしてきた教育目標「自立」、実践論としての「できる状況づくり」の考え方を述べています。

「Ⅳ　各教科等を合わせた指導の魅力」では、文字通り各教科等を合わせた指導の魅力を総論、そして指導の形態（日常生活の指導、遊びの指導、生活単元学習、作業学習）ごとに述べています。さらに各教科等を合わせた指導で培う力、各教科等を合わせた指導の評価などについても述べ、多角的にその魅力にせまっています。

「Ⅴ　各教科等を合わせた指導と今日的な課題」では、筆者が現場の先生方から学ぶ中で、今日的に課題と考えたことを述べました。キャリア教育、社会の変化への対応、道徳教育、訪問教育における各教科等を合わせた指導、特別支援学級における各教科等を合わせた指導などについて述べています。

「Ⅵ　各教科等を合わせた指導の実際」では、筆者が数年来学ばせていただいている高知市立高知特別支援学校の先生方から実践事例を提供していただきました。子どもが生き生きと活躍する生活の魅力を、遊びをテーマにした生活単元学習（小学部）、日常生活の指導、働くことをテーマにした生活単元学習（中学部）、作業学習（高等部）、訪問教育での生活単元学習の五つの実践から紹介していただきました。

「Ⅶ　新学習指導要領が描く知的障害教育」では、本書のまとめとして、新指導要領をどう受け止めるべきかを述べました。

以上のように、本書では、新しい学習指導要領の語ることが、いかに各教科等を合わせた指導がこれまで大事にしてきたことと合致しているかをさまざまな角度から述べました。また、これからのさらなる充実の方向を提案しています。

なお、本書はあくまでも筆者の私論であり、新しい学習指導要領の解説ではありません。新しい学習指導要領には多様な理解が可能で、だからこそ自由な実践が保証されていると考えています。その自由な実践の一つを本書が提案しているとお考えいただければと願います。

本書が、知的障害教育が大事にしてきた各教科等を合わせた指導の充実に少しでもお役に立てればうれしいことです。

【目次】

Ⅵ　各教科等を合わせた指導の実際

Ⅶ 新学習指導要領が描く知的障害教育

I

新しい学習指導要領をどう読むか

一　小中学校学習指導要領と知的障害教育

二〇一七年三月に、小学校学習指導要領、中学校学習指導要領（以下、「小中新指導要領」）がそれぞれ改訂、公示されました。

これらの新しい学習指導要領では、総則にある「特別な配慮を必要とする児童（中学校学習指導要領では「生徒」）への指導」の中で、小学校や中学校における特別支援教育のあり方が詳細に記載されています。知的障害教育に関しては、各教科を特別支援学校学習指導要領にある知的障害者である児童生徒に対する教育を行う特別支援学校の各教科に替えることなども示されています。

このように、具体的に特別支援教育に関する記述が、小中新指導要領で充実したことをもって、小学校や中学校における特別支援教育のいっそうの充実が期待されていることを十分に知ることができます。知的障害特別支援学級の教育においてもしかりです。

しかし、そのこと以上に、実はすべての学校種の新しい学習指導要領全体を通じた理念が、小学校や中学校での知的障害教育実践を応援してくれているのです。

それは、「育成を目指す資質・能力」「主体的・対話的で深い学び」「カリキュラム・マネジメント」「社会に開かれた教育課程」などの新しい学習指導要領のキーワードに表されています。これらは、これまで知的障害教育実践が大切にしてきたことと一致するものばかりなのです。

「育成を目指す資質・能力」は、二〇一六年に公にされた中央教育審議会による「幼稚園、小学校、中学校、高等学校及び特別支援学校の学習指導要領等の改善及び必要な方策等について（答申）」（中央教育審議会、二〇一六年、以下、「答申」）では、「資質・能力の三つの柱となる、生きて働く『知識・技能』、未知の状況にも対応できる『思考力・判断力・表現力等』、学びを人生や社会に生かそうとする『学びに向かう力・人間性等』」と端的に述べられています。これらは知的障害教育が自立を目指して大切にしてきた生活を豊かにする力としての学力に一致します。

「主体的・対話的で深い学び」は、「育成を目指す資質・能力」習得の具体的な方法論とみることができます。答申においては、「『主体的・対話的で深い学び』の実現（『アクティブ・ラーニング』の視点）」という表現が見られ、近年言われる「アクティブ・ラーニング」において求められる視点として意味づけられています。「主体的・対話的で深い学び」は、「資質・能力の三つの柱」を育むための「学びの在り方」とされています。知的障害教育が大切にしてきた各教科等を合わせた指導では、子どもが社会の中で、仲間と共に自分から・自分で・めいっぱい活動する姿を大切にしてきました。このような生き生きとした学習には、自ずと「主体的・対話的で深い学び」が必然します。

答申では、「各学校には、学習指導要領等を受け止めつつ、子供たちの姿や地域の実情等を踏まえて、各学校が設定する学校教育目標を実現するために、学習指導要領等に基づき教育課程を編成し、それを実施・評価し改善していくことが求められる。これが、いわゆる『カリキュラム・マネジメント』である」とされ、「教科等横断的な視点」の必要性が述べられています。知的障害教育課程は、従前より、各教科等を合わせた指導と教科別の指導等を適切に組み合わせ、効果的な指導を実現してきました。このことは、「カリキュラム・マネジメント」に合致する営みです。学校生活全体で子どもが活躍する授業づくり・生活づくりの伝統が、すでに「カリキュラム・マネジメント」を実現していたことになります。

「社会に開かれた教育課程」について、答申は以下のように述べています。「学校を変化する社会の中に位置付け、学校教育の中核となる教育課程について、よりよい学校教育を通じてよりよい社会を創るという目標を学校と社会とが共有し、それぞれの学校において、必要な教育内容をどのように学び、どのような資質・能力を身に付けられるようにするのかを明確にしながら、社会との連携・協働によりその実現を図っていくという「社会に開かれた教育課程」を目指すべき理念として位置付ける」。知的障害教育の実践は、戦後当初、特殊学級（現在の特別支援学級）を中心に実践をスタートさせましたが、そこでは教室を飛び出し、実社会の場に教育の場を求めました。その伝統は今日も健在で、その意味で、「社会に開かれた教育課程」を体現しているとみることができます。

以上のように、新しい学習指導要領のキーワードは、知的障害教育の大きな追い風であり、だからこそ、特別支援学級においてもますますの実践の充実が求められますし、そのチャンスであるということができます。

二　特別支援学校学習指導要領と知的障害教育

二〇一七年四月には、特別支援学校幼稚部教育要領及び特別支援学校小学部・中学部学習指導要領（以下、「特支新指導要領」）が公示されました。

特支新指導要領は、通常の教育の指導要領の大きな変革を踏まえて改訂されたもので、特に知的障害教育には大きな変化が見られます。

この変化をどう受け止めるか、が喫緊の課題です。

結論的には、これまで大切にしてきた知的障害教育の本質とその具体化である実践がますます充実する方向を示したものとみることができます。

その根拠をいくつか見ていきます。

1　根拠その1～通常の教育の教育内容・教育方法の大きな転換～

「初等中等教育における教育課程の基準等の在り方について（諮問）」（二〇一四年、中央教育審議会。以下、「諮問」）では、学習指導要領改訂に向け、以下の三点が検討すべき課題として示されています。

- 教育目標・内容と学習・指導方法、学習評価の在り方を一体として捉えた、新しい時代にふさわしい学習指導要領等の基本的な考え方
- 育成すべき資質・能力を踏まえた、新たな教科・科目等の在り方や、既存の教科・科目等の目標・内容の見直し
- 学習指導要領等の理念を実現するための、各学校におけるカリキュラム・マネジメントや、学習・指導方法及び評価方法の改善を支援する方策

上記三点には、従来の教育目標・内容観に比してより活用重視の「育成すべき資質・能力」、より活動的な学習を実現する「アクティブ・ラーニング」などの先進的な視点が、横断的に存在しています。これまでにない大きな改革が期待される学習指導要領と言えます。

これらの課題は、当然のことながら特支新指導要領にも反映されています。特別支援学校がどのように受けとめ、具体化していくべきかは、学習指導要領改訂後の大きなチャレンジと言えます。

教育内容論としての「育成すべき資質・能力」、教育方法としての「アクティブ・ラーニング」「主体的・対話的で深い学び」については、次のように議論されてきました。

諮問では、「『基礎的な知識及び技能』、『これらを活用して課題を解決するために必要な思考力、判断力、表現力その他の能力』及び『主体的に学習に取り組む態度』の、いわゆる学力の三要素から構成される『確かな学力』をバランス良く育てることを目指」してきたことを踏まえ、「『何を教えるか』という知識の質や量の改善はもちろんのこと、『どのように学ぶか』という、学びの質や深まりを重視することが必要であり、課題の発見と解決に向けて主体的・協働的に学ぶ学習（いわゆる『アクティブ・ラーニング』）や、そのための指導の方法等を充

実させていく必要があります」としています。

諮問の記述では、「アクティブ・ラーニング」を「課題の発見と解決に向けて主体的・協働的に学ぶ学習」と定義しているのです。

中央教育審議会初等中等教育分科会教育課程部会教育課程企画特別部会による「教育課程企画特別部会　論点整理」（中央教育審議会、二〇一五年。以下、「論点整理」）では、諮問の定義を踏襲しつつ、「深い学び」「対話的な学び」「主体的な学び」の三点を「アクティブ・ラーニング」に求めています。「対話的な学び」については、「他者との協働や外界との相互作用」が言及されており、諮問に述べられる「協働的に学ぶ」ことに対応していると考えられます。

さらに、二〇一六年の答申では、「『主体的・対話的で深い学び』の実現（『アクティブ・ラーニング』の視点）」という表現が見られます。「主体的・対話的で深い学び」は、論点整理が示す三点を要約的に示した表現です。「主体的・対話的で深い学び」は、「資質・能力の三つの柱となる、生きて働く『知識・技能』、未知の状況にも対応できる『思考力・判断力・表現力等』、学びを人生や社会に生かそうとする『学びに向かう力・人間性等』を育むため」の「学びの在り方」とも言われます。

これらの議論を経て、二〇一七年三月、小中新指導要領が公示されました。これらでは、「アクティブ・ラーニング」の表記は見られないものの、答申で述べられた「主体的・対話的で深い学び」という表現が用いられています。

前述のように、「『主体的・対話的で深い学び』の実現（『アクティブ・ラーニング』の視点）」と表現されていることから、「主体的・対話的で深い学び」即「アクティブ・ラーニング」を意味するかは、議論の余地がありますが、少なくとも、「深い学び」「対話的な学び」「主体的な学び」が、新しい学習指導要領において「アクティブ・ラーニング」の本質的要件とされていることは議論の余地がありません。「深い学び」「対話的な学び」「主体的な学び」は「アクティブ・ラーニング」という方法によって実現されなければならず、学校教育においてそれを担保するのは、授業です。そして授業を担うのは特別支援教育の現場を預かる教師です。

知的障害教育では、戦後当初より、「教育目標としては自立的生活力の育成が大切にされ、教育内容については、その自立的生活力の育成に必要不可欠なものが優先され、そして指導の段階では学習活動の実生活化が意図された」と言います。さらに一九八〇年代以降、「子ども主体の学校生活」が主張されてきました。「自立」「実生活化」「子ども主体」といった言葉に導かれる知的障害教育実践は、「アクティブ・ラーニング」の本質と通じるものと考えられます。知的障害教育において、「アクティブ・ラーニング」をいかに実践していくかは、戦後以来の実践上の課題と同一軸で考えていくことが可能でしょう。

2 根拠その2～特支新指導要領における「各教科等を合わせた指導」の記述～

特支現行指導要領では、総則において、「各教科等を合わせた指導」に関する記述が盛り込まれ、その重要性が強調されました。

それでは、特支新指導要領における記述はどうでしょう。

探してみますと、次の二か所があたります。

「知的障害者である児童又は生徒に対する教育を行う特別支援学校において、各教科、道徳科、外国語活動、特別活動及び自立活動の一部又は全部を合わせて指導を行う場合、各教科、道徳科、外国語活動、特別活動及び自立活動に示す内容を基に、児童又は生徒の知的障害の状態や経験等に応じて、具体的に指導内容を設定するものとする。また、各教科等の内容の一部又は全部を合わせて指導を行う場合には、授業時数を適切に定めること」（総則）

「個々の児童の実態に即して、教科別の指導を行うほか、必要に応じて各教科、道徳科、外国語活動、特別活動及び自立活動を合わせて指導を行うなど、効果的な指導方法を工夫するものとする。その際、各教科等において育成を目指す資質・能力を明らかにし、各教科等の内容間の関連を十分に図るよう配慮するものとする」（各教科）

以上のうち、総則に述べられたものは特支現行指導要領に準じていますが、各教科での記述は新設です。新たに二か所の記載となったことは、各教科等を合わせた指導の重要性が増したものと認識できます。と同時に、この二か所の記述は、いずれも各教科等を合わせた指導の望ましいあり方を示す注意事項であることも忘れてはいけません。それだけ不注意に、安易に実践されている各教科等を合わせた指導が少なくないということを示唆しています。

学習指導要領に則り、授業の目標を正しく定め、子ども一人ひとりが力を発揮する授業づくりに心がけなければなりません。

3　留意すべきことその1～各教科等を合わせた指導の位置づけ～

とはいえ、特支新指導要領を読みますとき、留意すべきことがあります。その一つめは、上記の各教科の「教科別の指導を行うほか、必要に応じて各教科、道徳科、外国語活動、特別活動及び自立活動を合わせて指導を行うなど」という記述です。

素直に読みますと、まず教科別の指導を行い、そのほかで必要に応じて各教科等を合わせた指導も、というように読めます。これは、従前の学習指導要領解説等で言われてきた各教科等を合わせた指導を重視する姿勢と反するように読めます。

しかし、この記述は、従前の法令等と比べれば、従前通りの極めて健全な記述で、それゆえ、現場で各教科等を合わせた指導の位置づけの変更を心配する必要はないものです。各教科等を合わせた指導の根拠規定は、学校教育法施行規則一三〇条二項ですが、以下のように記述されています。

「特別支援学校の小学部、中学部又は高等部においては、知的障害者である児童若しくは生徒又は複数の種類の障害を併せ有する児童若しくは生徒を教育する場合において特に必要があるときは、各教科、道徳、外国語活動、特別活動及び自立活動の全部又は一部について、合わせて授業を行うことができる」

いかがでしょうか。この記述でも「特に必要があるときは」とあります。つまり、上記の特支新指導要領において追加された記述と同趣旨です。

法令上、特別支援学校の諸法令も、学習指導要領も、通常の教育の教育体系を前提にしています。ですから、それを基準に「必要に応じて」「特に必要があるときは」とするのが当然で、この方針は、「各教科等を合わせた指導」の重要性がはっきりと強調された一九七〇年度版の養護学校学習指導要領から採用されています。

今回の特支新指導要領での知的障害教育関係の記載は、いわば学校教育法施行規則一三〇条二項を敷衍した、たいへん正当な記述と言え、だからこそ、従前からの変更を求めるものではないと言うことができるのです。

4　留意すべきことその2～各教科の読み方～

もう一つ留意すべきことは、特支新指導要領の大きな特徴である「知的障害者である児童又は生徒に対する教育を行う特別支援学校」における各教科（以下、「知的障害教育教科」）の示し方です。特支新指導要領では、知的障害教育教科を通常の教育の教科とほぼ同じ形式で目標及び内容を示しています。このことは、知的障害教育教科は通常の教育の教科との連続性を明確にするために行われたと言えます。

ここで留意すべきことは、知的障害教育教科と通常の教育の教科との連続性を明確にしたことは、決して従前の知的障害教育教科の内容が間違っていたということを意味しないと言うことです。そうではなく、従前から知的障害教育教科と通常の教育の教科は重なる部分はいくらもありましたが、そのことを形式をそろえることでわかりやすくしたと言うことです。

連続性の必要性は、言うまでもなくインクルーシブ教育システム構築の一環です。通常の教育の場と知的障害教育の場を、転学等で相互に移動する子どもたちがいます。その子たちの学びの移行をスムーズにするという趣旨が現実的には大きなことです。

ですから、通常の教育の教科と目標及び内容の形式がほぼ同じだからといって、従前の知的障害教育教科の内容が否定されたわけではありません。

また連続性が、知的障害教育教科と通常の教育の教科の接近を示すと懸念する向きもありましょう。この接近は、単なる形式ではなく実質的な内容における連続性を懸念するものです。この内容における連続性は間違いなくあると見てよいでしょう。

しかし、懸念には及びません。なぜなら、前述のように通常の教育の教育内容観が大きく転換し、それは知的障害教育が戦後一貫して大事にしてきた教育内容観と大きく重なるものとなったからです。そう考えれば、独自性にこだわる必要もなくなってきた、新しい時代が来たのです。

ただ、特別支援教育の世界には、知的障害教育成立から一貫して知的障害教育教科のような生活に生きる教科を忌避する人たちがいらっしゃいます。この人たちは、通常の教育（ただし以前の）のような系統的な教科の指導を重視することが多いことが指摘できます。このような考えの下で、今回のような知的障害教育教科と通常の教育の教科の内容上の連続性を捉えると、知的障害教育でも昔ながらの系統的な教科の指導が大事にされるようになったと、せっかくの特支新指導要領の大胆な変革（ひいては通常の教育の学習指導要領の大胆な変革）に逆行し、時計の針を何十年も戻らせてしまうことが懸念されます。そして、この懸念こそ、留意すべきです。

今や教科を巡る考え方は大きく変化し、「生活か教科か」の古びた二項対立は終わるべきなのに、当の特別支援教育関係者が四〇年も五〇年も前の教科観にとらわれていてはいけません。全日本特別支援教育研究連盟前理事長であられた小出進先生は、四〇年程前にすでに「生活か教科か」の終焉を宣言していらっしゃいます。四〇年後の我々がそれよりも古い価値観にとらわれていてはいけません。

「育成を目指す資質・能力」「コンピテンシー」しかり、「アクティブ・ラーニング」「主体的・対話的で深い学び」しかり、「カリキュラム・マネジメント」しかり、これら教育界の大きな変化は、知的障害教育が「各教科等を合わせた指導」を中心に展開されていく中で、重視されてきたものばかりです。この新しい教育のうねりが、知的障害教育の追い風となっていることを自覚し、より自由に知的障害教育を展開していきたいと願います。

Ⅱ

新学習指導要領のキーワードと知的障害教育の授業づくり

一　時代の要請と知的障害教育

「育成を目指す資質・能力」「主体的・対話的で深い学び」「カリキュラム・マネジメント」「社会に開かれた教育課程」などの新しい学習指導要領のキーワードが、これまで知的障害教育実践が大切にしてきたことと一致することの要点はすでに述べました。

以下では、このことをもう少し詳しく述べます。

その前に、この新しい学習指導要領のキーワードと知的障害教育で大切にしてきたこととの一致の意味を考えてみたいと思います。

知的障害教育の関係者からは「通常の学習指導要領が知的障害教育に近づいてきた」という声をしばしば耳にします。事実として、その理念や方法の一致がこれまでになく鮮明なことは筆者も同意します。時代の要請と知的障害教育の理念や方法との一致は明白です。しかし、通常の教育が知的障害教育に「近づく」ということではないでしょう。残念ながら、学校教育全体の中で、知的障害教育は（たとえこれまでどんなに優れた実践をしていたとしても）そこまで認知も注目もされていないというのが、筆者の印象です。ですから、現状認識は、「通常の教育の学習指導要領の主張と知的障害教育の主張が期せずして一致した」くらいのほうが、抑制的でよいかと思います。

ただ、かつて一九六〇年代から一九七〇年代にかけて、通常の教育で「詰め込み教育」が盛んに行われた頃、知的障害教育でも、各教科等を合わせた指導で受け身的な訓練を子どもたちに強いていたことがあります。この流れについても、特に当時の知的障害教育は通常の教育に対して独自性を強く打ち出していましたから、とりあえず相互の関連性は希薄です。しかし、いずれの現場も、おそらく同じような時代の空気（高度経済成長等）を感じていたことは想像できます。と考えますと、新しい学習指導要領で、通常の教育も知的障害教育も、同じ方向を向いているのは、まったく「期せずして」でもないのかとも思います。

さて、少し寄り道をしましたが、以下、新しい学習指導要領のキーワード「育成を目指す資質・能力」「主体的・対話的で深い学び」「カリキュラム・マネジメント」「社会に開かれた教育課程」と知的障害教育の授業づくりについて、各教科等を合わせた指導を中心にしながら考えていきましょう。

二 「育成を目指す資質・能力」と知的障害教育の授業づくり

1 教育目標としての「育成を目指す資質・能力」

「育成を目指す資質・能力」は、「主体的・対話的で深い学び」「カリキュラム・マネジメント」「社会に開かれた教育課程」といった他のキーワードと並列してあげることができますが、これらのキーワードの中核となるものと考えられます。

新しい学習指導要領のキーワードはいずれも重要なものですが、それらは互いに独立した概念ではなく、「育成を目指す資質・能力」が明確であればこそ、他の三つのキーワードも精度を上げることができると考えるのです。

「育成を目指す資質・能力」は、新しい学習指導要領の中核に位置づけられる概念ということができます。なぜなら、「育成を目指す資質・能力」が、教育の目標を示すものだからです。以下、この「育成を目指す資質・能力」を確かに養う知的障害教育の授業づくりや単元づくりのあり方を考えます。

2 「育成を目指す資質・能力」は真に求められる学力

二〇一六年の答申には、「育成を目指す資質・能力」について、次のように示されています。

「①『何を理解しているか、何ができるか（生きて働く「知識・技能」の習得）』

（中略）

②『理解していること・できることをどう使うか（未知の状況にも対応できる「思考力・判断力・表現力等」の育成）』

（中略）

③『どのように社会・世界と関わり、よりよい人生を送るか（学びを人生や社会に生かそうとする「学びに向かう力・人間性等」の涵養）』」

これらは、「育成を目指す資質・能力」の三つの柱と言われるものです。今、学校教育において求められているのは、単なる知識・技能ではなく、三つの柱を踏まえたトータルで確かな学力の育成なのです。

筆者はここで学力という言葉を用いましたが、我が国において、学力というと、単なる知識・技能として矮小化して理解されてきた時代が長く続いていたのではないでしょうか。かつての「詰め込み教育」において（筆者はその生き証人のひとりですが）、授業で学ぶ知識・技能の多くは、相互の関連付けが希薄であったり、自ら活用しようとする契機に不足があったりしました。教育史を語る際、「詰め込み教育」が横行していた時代に、民間教育団体を通じて、生き生きと学ぶことの意義が叫ばれ始めたことを見逃すことはできませんが、時代の空気は、やはり矮小化した学力観が支配していたと言えます。

学力という言葉には、未だにそのような語感がにじんでいるようにも思うのですが、真に求められる学力とは、社会の中で有機的に機能し、積極的かつ実際的に活用される力を意味するのです。「育成を目指す資質・能力」の三つの柱は、学力をそのような生きた力として捉える視点を私たちに与えてくれます。

そして、これらの内容は、学習指導要領が示す各教科等において具体化されています。新しい学習指導要領は、そのように「育成を目指す資質・能力」として各教科等を、とりわけ各教科を示しているのです。

ところで、知的障害教育は、さまざまな紆余曲折を経ながらも一九六三年の制定指導要領から、一貫して教育内容として「生活に生きる教科」を追究してきました。そして、そのための指導法として、学習活動の実生活化が精力的に試みられ、具体化されてきました。その指導法の代表格が各教科等を合わせた指導でした。これらの努力に、今日求められる知的障害教育における「育成を目指す資質・能力」を養う授業づくり・単元づくりの方向性が示されていると筆者は考えています。

3　学習活動の実生活化

知的障害教育の授業づくりでは、学習活動を実生活化することで、各教科等の内容が社会的な文脈から切り離されることなく、実際的に展開されます。こうすることで保証される各教科等の教育内容としての質については、さしあたり以下の三点があげられます。

一つには、実生活の中にある各教科等は、単なる知識・技能ではなく、実生活が有する社会的な文脈の中で意味のある知識・技能として機能しているということです。その習得は、生きる力に直結します。

二つには、実生活の中で意味ある形で各教科等が位置づけられていることにより、各教科等のそれぞれの内容がバラバラになることなく、社会的な文脈の中で有機的に結びつき、機能することです。各教科等の個々の内容だけにとどまらず、トータルな力の育ちと実際的な活用に結びつきます。

三つには、学習活動として取り組む実生活ないし実生活化された学習活動に、意欲的に取り組めるテーマがあれば、主体的な学びと力の発揮がいっそうよく保証されるということです。

これら学習活動の実生活化によって保証される教育内容の質は、自ずと「育成を目指す資質・能力」の三つの柱を自然な形で担保します。

知的障害教育の場合、学習活動の実生活化は、各教科等を合わせた指導において主に展開されてきましたが、もちろんそれにとどまらず、教科別に指導を行う場合や自立活動の時間における指導を行う場合にも、学習活動の実生活化が図られてきました。

教科別の指導を例にあげますと、算数の時間に「1＋1＝2」を教えるとしても、知的障害教育であれば、このこと自体の習得にとどまるのではなく、「1＋1＝2」の計算を身につけたことで、その子の生活が具体的にどのように豊かになるか、までを学習活動としてパッケージ化できていなければなりません。系統的に指導を行うにしても、実生活に直結する目標と展開が求められるのであり、このこともまた学習活動の実生活化の営みと言えます。

4　学習活動の単元化

　学習活動の実生活化によって保証された教育内容の質を、それぞれに深め、さらには相互に有機的に結びつけ、広げていくために、知的障害教育では、戦後初期より学習活動の単元化を図ってきました。単元化を図ることで、単発ではない授業として一定期間の活動の組織化を図るのです。

　こうすることで、活動に繰り返し取り組み、活動を深めることができます。活動の中で発揮された力はより深く確実に養われます。また、一定期間の活動を積み重ねる過程で、単元のテーマに即したさまざまな教育内容が意味ある自然な文脈の中で相互に有機的に結びつきます。

　学習活動を単元化する場合、コア（核）となる学習のテーマが必要となります。テーマがなければ、学習活動を有機的に組織化することができません。子ども目線で考えれば、テーマがあることで学習活動に見通しとまとまりが捉えやすくなるのです。そして、テーマが子どもにとって魅力的であれば、単元期間の活動は子どもにとって主体的な取り組みとなります。

　以上のように、学習活動を単元化することで、「育成を目指す資質・能力」の三つの柱に即した確かな学びが実現できます。

　学習活動の単元化も、知的障害教育では、生活単元学習等の各教科等を合わせた指導において主に実践が蓄積されてきました。しかし、単元化は各教科等を合わせた指導のみに適用される方法論ではありません。教科別の指導においても学習活動を単元化することで、前記のような効果的な学習が展開できます。知的障害教育では、これを古くは一九六〇年代より「教材単元学習」と称し、成果を上げてきました。今日、教材単元学習という言葉を知的障害教育の現場で聞くことはまれになりましたが、教科別の指導を単元化して取り組むことで、各教科の内容を意味ある社会的文脈の中で、主体的に学ぶことを可能にした優れた実践は今でも各地で精力的に実践されています。

5 「育成を目指す資質・能力」が生きる学び

ここまで、知的障害教育がこれまで大切にしてきた学習活動の実生活化及び単元化のありようを、「育成を目指す資質・能力」の三つの柱を意識しながら概観してきました。「育成を目指す資質・能力」は新しい学習指導要領が示す今日的なチャレンジですが、知的障害教育の発展過程において蓄積されてきた授業づくり・単元づくりの方法論によって育成されてきた教育内容に合致するのです。

しかし、これまでの知的障害教育が、その教育内容を、「育成を目指す資質・能力」のように三つの柱で明示的に把握してきたわけではないことも言うまでもありません。だからこそ、今一度、知的障害教育の方法によって育成される力（教育内容）を、「育成を目指す資質・能力」に即して捉え直し、ブラッシュアップしていくことが必要でしょう。

新しい学習指導要領では、通常の教育における各教科も、知的障害教育教科も、同じように「育成を目指す資質・能力」の三つの柱に即して目標及び内容を整理しています。このことは、ともすれば全く別物と思われがちな通常の教育における教科と知的障害教育教科の連続性を明確にすることに大きく貢献することが期待されます。

しかもこれは単に、形式上の問題ではなく、すべての学習指導要領の教科で、子どもが社会の中で生き生きと生きていくために必要な内容（それが「育成を目指す資質・能力」であると筆者は理解しています）を示しているということを、明確化したものと言えます。各教科の有する意味を正しく理解し、授業づくり・単元づくりをしていくことが求められるのです。

各教科等を合わせた指導をはじめとする知的障害教育の授業における教育内容のブラッシュアップの方法の一つとして、「育成を目指す資質・能力」に基づく観点別評価を、知的障害教育でも積極的に取り入れていくことも有効でしょう。

ところで知的障害教育では、特に各教科等を合わせた指導において、各教科等の内容を基に、指導内容を具体化すべきことが現行の学習指導要領において言われ、新しい学習指導要領でも言われているところです。この意味するところは、教育内容としての各教科等をその目標や内容を正しく理解し、授業で展開することであると筆者は考えます。ここで言う正しい理解には、育成を目指す資質・能力としての各教科等であることへの理解も当然含まれます。授業で子どもたちが発揮し、身につける力が、単なる知識・技能ではなく子どもが生き生きと学べる内容として位置づいているでしょうか。このことは各教科等を合わせた指導のみならず、すべての知的障害教育の授業づくり・単元づくりにおいて課題とされるべきことです。

さらに言えば、知的障害教育に限らず、すべての教育分野での授業づくり・単元づくりにおいて、この生き生きとした各教科等の内容を、学習活動としても生き生きと取り組めるように展開することが求められているのです。

授業づくりにしても、単元づくりにしても、単に教育内容を効果的に習得せしめるための手段や方法と考えるのではなく、子どもがやりがいと手応えをもって学べるという学びの質を大切に考えていかなければなりません。

6 伝統の蓄積を今に

学習活動の実生活化・単元化の意義は、すでに一九七〇年代に小出進先生によって提起されています（小出進『知的障害教育の本質―本人主体を支える　小出進著作選集』二〇一四年、ジアース教育新社）。筆者は今日的な知的障害教育の授業づくり・単元づくりを考えるにあたり、つまるところ、恩師の教えをなぞったに過ぎません。でも、であればこそ、その提起の意味を、四〇年を経た今、改めて確認したいのです。

各地域、各学校で長い時間をかけて培ってきた知的障害教育の伝統は多様です。各教科等を合わせた指導を中心に授業づくりをしてきた地域や学校もあれば、教科別の指導を中心に授業づくりをしてきた地域や学校もあります。過去のこの教育の歴史は、両者を対立的に捉えることがしばしばありましたが、両者がそれぞれに成果を上げてきたことも歴史の事実です。それぞれの伝統と実績を礎として、今日的な必要感の中で、知的障害教育の授業づくり・単元づくりをいっそう豊かに練り上げていくことが求められると思います。

三 「主体的・対話的で深い学び」と知的障害教育の授業づくり

1 「主体的・対話的で深い学び」と「アクティブ・ラーニング」

前述のように二〇一四年の諮問では、「アクティブ・ラーニング」を「課題の発見と解決に向けて主体的・協働的に学ぶ学習」と定義しています。二〇一五年の論点整理では、諮問の定義を踏襲しつつ、「深い学び」「対話的な学び」「主体的な学び」の三点を「アクティブ・ラーニング」に求めています。

以降、「アクティブ・ラーニング」という言葉が影を潜め、「主体的・対話的で深い学び」という言い方がなされるようになってきたのは、すでに述べたとおりです。

なぜ、「アクティブ・ラーニング」という言葉が使われなくなっていったかは、諸説あるようですが、「アクティブ・ラーニング」という名称が一人歩きし、型にはまった「方法」になってしまったことが大きいようです。つまり、本来アクティブであるべきなのに、『アクティブ・ラーニング』はこういう授業でなければならない！」というように型にはめられてしまったわけです。

そこで、二〇一六年の答申では、「『主体的・対話的で深い学び』の実現（『アクティブ・ラーニング』の視点）」

と表現され、「主体的・対話的で深い学び」にこそ、本質的な視点があることが強調されたと、筆者は考えます。ですから、「主体的・対話的で深い学び」を考える上でも、決してこれを型にはめないことが大事です。

知的障害教育では、戦後当初より、「教育目標としては自立的生活力の育成が大切にされ、教育内容については、その自立的生活力の育成に必要不可欠なものが優先され、そして指導の段階では学習活動の実生活化が意図された」と言われます（文部省編『特殊教育百年史』一九七八年、東洋館出版社）。さらに一九八〇年代以降、「子ども主体の学校生活」が主張されてきました。「自立」「実生活化」「子ども主体」といった言葉に導かれる知的障害教育実践は、「主体的・対話的で深い学び」と通じるものと考えられます。知的障害教育において、「主体的・対話的で深い学び」をいかに実践していくかは、戦後以来の実践上の課題と同一軸で考えていくことが可能でしょう。その一方で、新たな概念でもある「主体的・対話的で深い学び」を正しく具体化する上での課題も確認しておく必要があります。そこで、以下、知的障害教育の授業づくりにおける「主体的・対話的で深い学び」の実践上の課題を、生活単元学習との関係を例に考えていきます。

2 「主体的・対話的で深い学び」と生活単元学習

生活単元学習は、学習指導要領解説書では、次のように定義されています。

「生活単元学習は、児童生徒が生活上の目標を達成したり、課題を解決したりするために、一連の活動を組織的・体系的に経験することによって、自立や社会参加のために必要な事柄を実際的・総合的に学習するものである」

いかがでしょう。生活単元学習の定義を、「アクティブ・ラーニング」の「課題の発見と解決に向けて主体的・協働的に学ぶ学習」という定義と比べてみれば、それだけでも、生活単元学習が質の高い「主体的・対話的で深い学び」であることは十分に認識できるのではないでしょうか。

ですから、「主体的・対話的で深い学び」と生活単元学習の関係に関しては、これでもう終わりにしてもよいくらいです。

ただ、「主体的・対話的で深い学び」は通常の教育から発信された概念ですので、知的障害教育が受けとめるにあたって、注意深く対応するべき部分もあります。具体的には、「主体的・対話的で深い学び」という言葉が通常の教育発であるがゆえに、その本質を違えずに、実践レベルでは知的障害教育の実践に「翻訳」していくことが必要なのです。

それを以下、考えてみたいと思います。

「深い学び」「対話的な学び」「主体的な学び」ということがあげられています。このことに関して、二〇一五年の論点整理では、次のように述べられています。少し長いですが、そのまま引用してみます。

「ⅰ）習得・活用・探究という学習プロセスの中で、問題発見・解決を念頭に置いた深い学びの過程が実現できているかどうか。

新しい知識や技能を習得したり、それを実際に活用して、問題解決に向けた探究活動を行ったりする中で、資質・能力の三つの柱に示す力が総合的に活用・発揮される場面が設定されることが重要である。教員はこのプロセスの中で、教える場面と、子供たちに思考・判断・表現させる場面を効果的に設計し関連させながら指導していくことが求められる。

ⅱ）他者との協働や外界との相互作用を通じて、自らの考えを広げ深める、対話的な学びの過程が実現できているかどうか。

身に付けた知識や技能を定着させるとともに、物事の多面的で深い理解に至るためには、多様な表現を通じて、教師と子供や、子供同士が対話し、それによって思考を広げ深めていくことが求められる。こうした観点から、前回改訂における各教科等を貫く改善の視点である言語活動の充実も、引き続き重要である。

ⅲ）子供たちが見通しを持って粘り強く取り組み、自らの学習活動を振り返って次につなげる、主体的な学びの過程が実現できているかどうか。

子供自身が興味を持って積極的に取り組むとともに、学習活動を自ら振り返り意味付けたり、獲得された知識・技能や育成された資質・能力を自覚したり、共有したりすることが重要である。子供の学びに向かう力を刺激するためには、実社会や実生活に関わる主題に関する学習を積極的に取り入れていくことや、前回改訂で重視された体験活動の充実を図り、その成果を振り返って次の学びにつなげていくことなども引き続き重要である」

「深い学び」「対話的な学び」「主体的な学び」を、生活単元学習においてどのように具体化されてきたか、論点整理の上記引用に即しながら考えてみます。

3 「深い学び」と生活単元学習

一つめの「深い学び」ですが、生活単元学習では、活動に自分から・自分で・めいっぱい取り組むことを願います。特に「めいっぱい」という部分は、その活動にとことん打ち込む、浸りきる姿ですので、「深い」という言葉に対応するかと思います。生活単元学習では、学校生活の「充実・発展」（小出進『生活中心教育の理念と方法』二〇一〇年、K&H）という言い方をします。絞り込んだ活動にめいっぱい取り組むことで、その活動を深め、広げるのです。ただ漫然と経験するのではなく、深く経験していくことが重視されるのであり、このことも生活単元学習における「深い学び」を意味するものと言えます。

論点整理では、「育成を目指す資質・能力」の三つの柱にも言及しています。生活単元学習では、これらの「育成を目指す資質・能力」を、生活上のテーマの実現に向けて、未分化にかつ実際的に発揮し、高めていくことになります。

この場合、三つの柱をそれぞれ別々にとらえ、これらを生活単元学習の中に盛り込んで指導しようとすることは避けます。そのようなことをすれば、かつての「寄せ集め学習」を二一世紀型で再現するようなものです。本物の生活がもつ内容の質、本気で取り組む生活に備わる活動の質を信じて、めいっぱい取り組むことが大切です。まちがっても「二一世紀型寄せ集め学習」にしてはいけません。

4 「対話的な学び」と生活単元学習

次に、二つめの「対話的な学び」について考えます。ここでいう「対話」ということをどのようにとらえるか、これは生活単元学習が健全に展開される上で、きわめて重要なことではないかと考えています。論点整理の例示にもあります「教師と子供や、子供同士が対話し」という言葉が一人歩きしてしまうと、生活単元学習で話し合い活動がやたらと多くなるようなことにならないか懸念されます。

かつて生活単元学習が元気を失っていた時代、この種の話し合い活動が、漫然と続けられ、多くの子どもたちが我慢しながら座っている、あるいは先生の熱心な話しかけや進行にお付き合いしてくれているという状況が多々見られました。このような状況は、子どもが時間いっぱい活動することを妨げるばかりではなく、子どもたちの活動への見通しや意欲をそぐことにもつながりました。話し合い活動は、いかにもお勉強らしいので、教師は無意識にこの活動を好みますが、現実的でない不自然な場面になりがちです。

もちろん、生活として自然な流れの中での話し合い活動は大いにあってよいものですが、不自然でとってつけたような活動は避けなければなりません。またたとえ必要な話し合いであっても、障害が重いといわれる子どもには苦痛になってしまうこともありますので、話し合いをする場面やメンバー、時間などには十分な配慮が必要です。

「対話的な学び」については、このように皮相的にとらえるのではなく、むしろ論点整理が述べる「他者との協働や外界との相互作用」という、より本質的な意味を大切にすべきです。つまり、共に活動し、思いを分かち合うこと、互いに支え合うこともまた、大切な「対話的な学び」であると考えるのです。ものづくりをテーマにした単元で、目標を目指して分業で、自分の役割にしっかりと黙々と取り組む姿にも、仲間と呼吸を合わせ、思いを合わせていく対話が豊かに存在しているのです。「会話がなければ対話ではない」と狭く考えないことです。「外界との相互作用」というのはデューイの経験主義教育の学習論の本質です。単に人との相互作用に限らず、地域や団体・組織とのかかわり、自然とのかかわりなどにも「対話的な学び」は見いだせます。

生活単元学習に本気で取り組めば、自ずと他者（この他者は前述のように多様です）とかかわることができ、そして自らの学びを深め、広げていくことができます。

ところで論点整理での「対話的な学び」の説明では、これによって「思考を広げ深めていく」とされています。子ども主体の生活単元学習では、前述のように活動を「深め、広げる」のように説明することが適切だと考えますが、「対話的な学び」では、逆の表記をしています。この点に矛盾や対立はないかと考えてしまいますが、「対話」という営みによってこれまでの経験や思考の外にあったものを吸収し、再構成するという意味では、「広げる」を先にあげるのは妥当かと思います。生活単元学習では、あくまでも活動を深め、そこから経験を拡大していくことがまとまりと発展性のある展開として適切ですが、「対話」という点に限定すれば、新たな経験や思考の拡大ということが先にくるのでしょう。

5 「主体的な学び」と生活単元学習

この点については、生活単元学習は主体的な活動実現のための指導の形態ですので、多くを論ずる必要はないかと思います。実社会や実生活を重視する論点整理の記述は、まさに生活単元学習そのものです。

ただし、過去の生活単元学習の失敗を振り返るとき、論点整理に述べられる「実社会や実生活に関わる主題」という表現の解釈には注意が必要です。これは、生活単元学習の定義にあります「生活上の目標……、課題」の解釈でも同様の注意が必要なのですが、これらの主題・目標・課題を、学習上の主題・課題・目標と置き換えないことが重要です。たとえば、学習で地域の清掃活動に取り組むような場合、これは「実社会や実生活に関わる主題」「生活上の目標……、課題」に取り組む活動に間違いありませんが、授業目標となると「地域の美化に必要なことは何かを考える」とか「地域の清掃に関わる人たちの活動を学ぶ」のようないかにもお勉強的な目標になってしまうことがあります。本物の生活上の目標等はこういうお勉強的なものではなく、端的に生活に取り組むことであるべきです。ですから、「地域の清掃活動をやりきろう」のような実際的な目標設定にします。そうすることで、本気の生活になりますし、その過程で、自然で実際的に「地域の美化に必要なことは何かを考える」ことも「地域の清掃に関わる人たちの活動を学ぶ」こともできます。

本物の生活に取り組むことの教育力を信じて、本物の生活に本気で取り組むことが大切です。

6 「主体的・対話的で深い学び」は普遍の学習方法

ここまで、生活単元学習が「主体的・対話的で深い学び」として豊かな学習であることを、論点整理の記述を踏まえて見てきました。しかし、いかに生活単元学習が優れているからといって、これは「主体的・対話的で深い学び」を展開する唯一の方法であるわけではないことにも留意が必要です。

論点整理には、「アクティブ・ラーニング」に関して「これらの工夫や改善が、ともすると本来の目的を見失い、特定の学習や指導の『型』に拘泥する事態を招きかねない」とする注意喚起の一文があります。「アクティブ・ラーニング」を特定の授業方法のように定式化するのではなく、すべての教育活動で展開していくことが求められますし、「アクティブ・ラーニング」は特定の授業に限定されるものではないのです。

それを避けるために「主体的・対話的で深い学び」という視点が強調されたのですから、何か特別の指導法に限定した議論は厳禁です。

知的障害教育でいうならば、生活単元学習だけではなく、各教科等を合わせた指導の他の指導形態や、さらには教科別の指導、「特別の教科　道徳」の指導、特別活動の指導、自立活動の時間における指導、総合的な学習の時間と、多様な学習で「主体的・対話的で深い学び」が展開されてしかるべきなのです。

この点、「主体的・対話的で深い学び」の考え方は、生活単元学習の本質もまた本来はすべての子ども主体の学習活動、子ども主体の生活づくりで大切にされるべきものであることに相似形をなすものであるとも言えましょう。

7　三つの視点の一体的理解

知的障害教育では、これまでも「子ども主体」「本人主体」が大切にされてきました。それを踏まえ、知的障害教育の授業では、子ども主体の授業づくりが行われてきています。このことは、知的障害教育の授業が「主体的・対話的で深い学び」と共通の基盤を有していることを示すものです。しかしながら、「主体的・対話的で深い学び」は、主体的な学びのみをもってその要件としているわけではないことは、これが三つの視点で書かれていることからも明らかです。

「アクティブ・ラーニング」については、「学習を個人的なものから、他者や集団を組み込み、社会的なものへと拡張していく点は最大のポイントである」とし、「学習を社会的なものへとすることの意義」を外すと「個人がただ学習課題に積極的に関与するという、いわゆる『主体的な学習』と同義になってしまう」（溝上慎一「大学教育から初等中等教育へと降りてきたアクティブ・ラーニング」梶田叡一責任編集『アクティブ・ラーニングとは何か』二〇一五年、金子書房）という指摘があります。

子ども主体をスローガンとしてきた知的障害教育であればこそ、そのことをもってのみ「主体的・対話的で深い学び」を充足させていると見る誤解が生まれることが懸念されます。あくまでも「主体的・対話的で深い学び」の三つの視点を踏まえ、これらを一体的に捉えて実践していかなければならないのです。

知的障害教育に限らず、特別支援教育では個への支援の充実の観点から子どもと教師の一対一の個別指導が重視されてきました。この指導を直ちに子ども複数による指導にするということが現実的でない場合もありましょう。この場合、一対一の指導を社会化していく営みが「対話的」な学びを担保すると考えられます。すなわち、子どもが一人であっても、教師との協働的な学習や対話的な学習を心がけること、学習課題を社会とのつながりを有する（あわよくば直結する）ものとすることなどを、個別の指導計画作成の段階で踏まえておくことで、一対一の指導であっても「対話的」な学びが実現できます。

「主体的」と「対話的」はとりあえず異なる概念であり、前述の指摘のように、単なる主体的な学びであってはならないことに留意したいのです。なお、「主体的」と「対話的」ないし「協働的」との関係にかかわって知的障害教育の歴史的変遷を見ますと、障害のある子どもたちの学校教育における主体性の確保の歩みは、学校という集団や社会からの排除を解消していく過程であったとみることができます。つまり、主体性と集団性・社会性を一元的に捉えるべきなのです。知的障害教育においては、本来「主体的」と「対話的」「協働的」が一体的なものとして授業づくりがなされるべきであり、その点から「主体的・対話的」という表現も、知的障害教育の授業で具体化していければと考えます。

「深い学び」についても、従来知的障害教育では、単元化や継続的な指導が重視されると共に、「日々の生活の質が高まるよう指導する」とされるなど、学びを深める仕組みを指導計画の段階で有しています。これらは、

「自立」を目標とし、社会とのつながりの強い活動を重視してきたものです。この意味で「深い学び」を理解すれば、知的障害教育の授業では「深い学び」も、「主体的・対話的」な学びと一体的に展開されるべきものとみることができます。

以上のような知的障害教育の授業の特質を理解し、「主体的・対話的で深い学び」の三つの視点を一体的に展開していくことが求められるのです。

8 障害が重いと言われる子どもの「主体的・対話的で深い学び」

「主体的」「対話的」という表現の語感にある活動的な授業のイメージを固定的に捉えると、重複障害学級に在籍する子どもや訪問教育の対象となっている子ども、いわゆる障害が重いと言われる子どもの教育の実情とのイメージのギャップが懸念されます。「主体的・対話的で深い学び」が通常の教育から発信されている概念であることもその懸念に通じます。

「主体的・対話的で深い学び」のイメージを、知的障害教育の実践、とりわけ障害が重いと言われる子どもへの教育実践を前提に再構築していくことが必要です。「主体的・対話的で深い学び」は本来、障害の軽重に関係なくどの子どもにも、その子なりに実現できると考えたいのです。たとえば、障害が重いと言われる子どもにとっては、光や音に反応して心拍数の変化が見られることも貴重な「主体的」な姿であり、教師が手を握ることで体の緊張がやわらぐということも「対話的」「協働的」な学習活動です。これらのことは、すでに自立活動の時間における指導を単元化・生活化したり、生活単元学習を訪問教育で実施したりするなどの実践報告により、発信されているところでもあります。

訪問教育の場では、ＩＣＴの活用の充実を図り、「主体的・対話的で深い学び」を展開することも有効です。たとえば、各家庭と学校をインターネットでつなぎ、インターネット電話のビデオ通話機能を用いて子ども同士の「対話的」「協働的」な授業を行うことはすでに比較的軽便な技術で可能です。

既存の「主体的・対話的で深い学び」のイメージに拘泥せず、その子なりの「主体的・対話的で深い学び」を追究したいと考えます。

一方、この機会に、改めて障害が重いと言われる子どもの教育を「主体的・対話的で深い学び」の視点から見直していくことも必要でしょう。単なる訓練的な学習になっていないか、積み重ねや発展のない単発の学習になっていないかなどを「主体的・対話的で深い学び」の視点で見直すことも必要です。

9　自由な発想を大事に

知的障害教育では、前述のように生活単元学習等で「アクティブ・ラーニング」の要件をすでに満たしています。しかもこれらの指導の形態は、授業として知的障害教育の方法史的な伝統や各学校や地域のユニークな実践伝統に基づき、すでに一定の型を有していることがあります。それは、知的障害教育における「主体的・対話的で深い学び」を方向づける上で大いに大切にすべきことではあります。

型そのものを否定する必要はありません。型があればこそ、方向が定まり、次の発展が促されるからです。しかし、その型を、それを規準化してしまった結果、新しい自由な発想での授業展開を阻害するようなことがあってもなりません。実践の蓄積があるゆえに戒めなければならないところです。

四　「カリキュラム・マネジメント」と知的障害教育の授業づくり

1　「カリキュラム・マネジメント」とは

特支新指導要領（小学部・中学部）では、「カリキュラム・マネジメント」については、次のように説明されています。

「各学校においては、児童又は生徒や学校、地域の実態を適切に把握し、教育の目的や目標の実現に必要な教育の内容等を教科等横断的な視点で組み立てていくこと、教育課程の実施状況を評価してその改善を図っていくこと、教育課程の実施に必要な人的又は物的な体制を確保するとともにその改善を図っていくことなどを通して、教育課程に基づき組織的かつ計画的に各学校の教育活動の質の向上を図っていくこと（以下「カリキュラム・マネジメント」という。）に努めるものとする」

同じ趣旨の説明は、同時に公示された幼稚部教育要領、前月に公示された幼稚園教育要領、小学校学習指導要領及び中学校学習指導要領にも見られます。

言うまでもなく、「カリキュラム・マネジメント」は、すべての学校種における今回の学習指導要領改訂の重要なポイントの一つです。

ところで、今回の学習指導要領の改訂にあたって、知的障害教育関係者の間では、知的障害教育教科の見直しに、公示前より高い関心が寄せられていました。知的障害教育教科は、一九六三年の制定指導要領以来、知的障害教育分野では一貫して実践現場で高い関心を集めてきたことではあります。ですから、今回、通常の教育と知的障害教育との連続性をいっそう図る観点からその大きな見直しが図られたことは、関心を集めて当然であると言えましょう。

しかし、今回の知的障害教育教科への斯界の高い関心には、筆者は懸念ももっています。確かに知的障害教育教科の見直しは重要事項ではありますが、このような知的障害教育独自の話題に関心を集中させ過ぎれば、通常の教育との連続性を図るためであったはずの知的障害教育教科の見直しが、かえって学習指導要領全体の改訂のポイントから乖離してしまうという逆説的な事態にもなりかねないと思うのです。せっかくの連続性が薄まって、知的障害教育ならでは議論にばかり関心が向いてしまうことをおそれるのです。

知的障害教育独自の側面の強い改訂内容も、新しい学習指導要領のすべてが重要視する「カリキュラム・マネジメント」等、今回の改訂の全体的なポイントと遊離せずに、というよりも、もっと踏み込んで一元的に考えていくことが望ましいと筆者は考えます。

そう考えれば、今回の改訂で注目された知的障害教育教科がこれまで大切にしてきたその特質が、「カリキュラム・マネジメント」の効果的な展開にも有用であることが見えてきます。一見知的障害教育独自の話題のように見える知的障害教育教科ですが、新しい学習指導要領のキーワードである「カリキュラム・マネジメント」に大いに資することがあると考えます。

以下では、そのような視点で、「カリキュラム・マネジメント」と知的障害教育の授業づくりの関係について考えていきます。

2 「カリキュラム・マネジメント」の要とは

上記の引用を読んでみますと、新しい学習指導要領に述べられる「カリキュラム・マネジメント」には三つの側面があることがわかります。

一つには、「児童又は生徒や学校、地域の実態を適切に把握し、教育の目的や目標の実現に必要な教育の内容等を教科等横断的な視点で組み立てていくこと」です。すなわち、教育の目標を適確に設定し、かつ教科等横断的に教育内容を組み立てていくことが重要であるというのです。

二つには、「教育課程の実施状況を評価してその改善を図っていくこと」です。教育課程を実施し、評価・改善していくことが述べられているのです。

三つには、「教育課程の実施に必要な人的又は物的な体制を確保するとともにその改善を図っていくこと」です。教育課程をより適確に実施していくための体制確保・改善の重要性が語られているのです。

これら三つの側面から多角的に、教育課程を編成・実施していくことに「カリキュラム・マネジメント」の意義があります。

しかし、一見すると、これら三つの側面は、確かにいずれもカリキュラムに関する重要事項ではありますが、それぞれに異なる営みのように思われます。教科等横断的に組み立てること、実施・評価・改善すること、体制を確保・改善すること、それぞれは、もちろん大切なことですが、それぞれに異なる営みでもあるのです。しかし、三つの側面がそれぞれ別々に理解されれば、せっかくの「カリキュラム・マネジメント」が、バラバラに行われるものになりかねません。

そこで、三つの側面を貫く要が必要となります。

筆者は、それが教育目標であると考えます。教育目標が明確であればこそ、教科等横断的に自由な内容の組み立て（という冒険）ができます。教育課程の評価・改善の視点も教育目標によって明確になり、ぶれません。教育課程の実施にあるべき望ましい体制を見極めるのも、教育目標の達成にふさわしいものという視点で焦点化できます。

「カリキュラム・マネジメント」という多角的なアプローチも、教育目標が要としてあることによって、統一感をもって展開することが可能なのです。

では、そのような、「カリキュラム・マネジメント」の要となる教育目標とは何でしょうか。

知的障害教育では、それを「生活の自立」に求めてきました。実践現場における自立像は、戦後の知的障害教育の発展過程の中で、さまざまに理解され、時には誤解されてもきました。自立が社会という変化する要件を有する限り、そのような理解の変遷や誤解の発生も不可避のことであったかもしれません。しかしそのような実践現場での精錬を経て、今日、自立を捉えるとすれば、社会の中でその人らしく生き生きと生活する姿にこそ、自立の本質は見いだされるでしょう。ある人にとっては、ひとり暮らしをし会社勤めをする姿が自立であり、ある人にとっては病院のベッドで医師や看護師、家族の方々と心通わせる日々が自立でしょう。その人なりに、その人らしく社会の中で人と交わりながら生きる姿に自立を求めるのが知的障害教育です（教育目標「自立」については、次章で詳しく考えます）。

そうして、子ども一人ひとりの自立の姿を思い描きながら、教育内容を組み立て、実施・評価・改善し、そのための最適な体制を整えます。教育課程編成・実施の営みの中で、複雑に絡まっていたり、バラバラになっていたりするさまざまな営みを、教育目標「自立」を実現するという一貫した方針の下に再構成し、組織的に展開することに「カリキュラム・マネジメント」の意義があると考えます。

教育目標という要をしっかりと有していることで、「カリキュラム・マネジメント」のさまざまな側面や営みを統一的に展開していくことができます。現場で、もしもあまりに多岐にわたるマネジメントの営みの中で、何をしているのかわからなくなったということがあったら、そのときには教育目標に立ち返れば、今一度マネジメントの営みの全体を眺め直すことができます。

3 「教科等横断的」ということ

教育課程編成の中核的な作業は、教育内容の組織化です。どのような視点で多様な教育内容を選択し、組織していくかで教育課程の質が定まるといっても過言ではありません。教育内容を組織する視点も教育目標によって定まります。

学習指導要領において教育内容は、各教科等によって示されています。各教科等はそれぞれに体系的に組織されています。「カリキュラム・マネジメント」の必要性が叫ばれる背景には、従前ともすれば、これら各教科等の教育内容の選択組織に相互のつながりが希薄であったことがあると考えられます。各教科等の学びは、それぞれの体系の中で学ぶことに意義があると同時に、それら全体を貫く教育目標を達成することが大切であり、それが教育課程本来の機能だからです。

教育内容の選択組織にあたっても、各教科等の枠組みを超えた、あるいは貫く教育目標が必要になります。知的障害教育では、教育目標として自立を明確に意識し、各教科等を「生活に生きる」という一貫した視点で貫いてきました。各教科等のうちの多くの内容を有する各教科は、それぞれの教科の性格を踏まえつつ、「生活に生きる教科」という視点で、一貫性をもって理解されてきました。これがいわゆる知的障害教育教科です。「生活に生きる」という視点は、自ずと各教科等の多様な内容を横断的にかつ統一感をもって選択組織することを可能にしてきました。

このような知的障害教育教科を指導する知的障害教育において、教科等横断的な組織化の営みは、大きく二つをあげることができます。

一つは、各教科等を合わせた指導です。各教科等を合わせた指導は、「生活に生きる」教育内容を一授業において教科等横断的に組織したものと言うことができます。各教科等の内容を未分化に豊かに有する生活本来の統一感に着目した授業の工夫です。それが最もよい形で展開された場合、授業は各教科等の内容を未分化でかつ、自然で実際的に含む、生きた生活そのものになります。

もう一つは、一授業にとどまらず、学校において展開されるさまざまな授業を「生活に生きる」という視点から関連付け、組織化する営みです。各教科等を合わせた指導はそのコア（核）と見なされ、これを中心に他の教科別の指導等が効果的に関連づけられてきました。もちろんこれが唯一の方法ではなく、教科別の指導を中心に教育課程を編成・実施する学校においても、各授業を、「生活に生きる」という視点から組織化し、成果を上げてきました。「生活に生きる」という視点を明確にすることで、各学校の伝統に即して、多様に教育課程の組織化が行われてきました。視点を明確に有することで、各教科の垣根を越える自由な教育課程編成が、ぶれなく行えるのです。これらは、知的障害教育が実践の精錬を経て経験的に行ってきた「カリキュラム・マネジメント」と言うこともできるでしょう。

各教科等を合わせた指導に代表される一授業内での教科等横断的な指導も、授業相互を「生活に生きる」という視点で組織化する方法も、知的障害教育の発展過程で獲得されてきた有効な方法です。これらは、今日求められる「カリキュラム・マネジメント」における教科等横断的な視点を実践の場において具体化する上で極めて有益な実践的知見であると言えます。

4 知的障害教育の知見を今日に生かす

「生活に生きる」という知的障害教育がこだわってきた視点は、筆者には今日的には「生活を豊かにする」というような、より質的な深みと広がりを有する概念に言い換えた方がよいように思われます。「生活に生きる」というだけでは、各教科等の教育内容は実利的なものに矮小化されてしまうことが懸念されるからです。未分化で総合的な生の生活にこそ、多様で豊かな内容が含まれているのに、それを狭めたくはありません。そこで、単に「生活に生きる」ではなく、「生活を豊かにする」という質的な深まりや広がりが必要と考えます。しかし、そのような筆者の懸念は、新しい学習指導要領の下ではすでに杞憂と言ってもよいでしょう。なぜなら、新しい学習指導要領では、「育成を目指す資質・能力」という視点から豊かな教育内容論を展開しているからです。

知的障害教育もまた、実践的に蓄積してきた「カリキュラム・マネジメント」のよき伝統を継承・発展させつつ、「育成を目指す資質・能力」という学校教育の共通言語を視点として、これまで以上にカリキュラム・マネジメントを充実・発展させていくことが望ましいと考えます。知的障害教育教科が有してきた「生活に生きる」という視点を、「育成を目指す資質・能力」という視点でブラッシュアップし、これまでで実践的蓄積を生かした、より多様で豊かな「カリキュラム・マネジメント」を展開していかれればと願います。

5　知的傷害教育教科の特質に学ぶ

今回の学習指導要領改訂は、知的障害教育教科への関心を高めました。この機会に、知的障害教育の先人たちの実践知の結集とも言えるこの知的障害教育教科が有する特質に学ぶことで、それが、知的障害教育において行われてきた「カリキュラム・マネジメント」の要であることや、今日言われる「育成を目指す資質・能力」に本質的に通じることなどを確認することができます。その実践的な蓄積の上に、新学習指導要領が示す、自由で豊かな教育の発展を期待したいと考えます。

筆者の恩師である小出進先生は、「真の独自性は真の普遍性に通じる」と言われていました。この言葉の意味をかみしめながら、新しい時代の知的障害教育をつくっていくことが、今、必要です。

五　「社会に開かれた教育課程」と知的障害教育の授業づくり

1　「開かれた学校」の成果

　学校教育において、「開かれた学校」が叫ばれて久しいです。この間、学校と家庭、学校と地域社会との垣根を低くし、学校教育を外から見やすく、わかりやすくする努力が、各学校において続けられてきました。学校を開くことが、子どもの安全にかかわる問題を有するという困難な課題にも直面しながら、学校を開く営みは続けられてきました。

　これらの努力によって、地域にありながら学校の中では何が行われているのか、当の地域の人にもわからないかのようなブラックボックスとしての学校は、大きく開かれた、風通しのよいものに変わってきたと考えます。

　このように、今日まで続けられてきた「開かれた学校」をつくる努力は、実践現場では大きく三つの側面を有していると、筆者は考えます。

　一つは、授業の場を、広く地域に求めることです。教室から飛び出し、地域を学習の場、授業の場とすることは、授業を地域で展開することであり、地域の人に、授業を知っていただく大きな契機となりました。これには、小学校における生活科の設置や、小学校・中学校・高等学校・盲学校（当時）・聾学校・（当時）・養護学校（当時）における総合的な学習の時間の設置などが大きく作用しました。

筆者が児童であった頃（一九七〇年代）にはあり得なかった、週日の午前中、子どもたちが元気に街を歩いて回るという姿も、今では日常の景色として定着しています。余談ですが、筆者は小学生の頃、熱を出して早退したとき、午前中の日の高い中、学校外を歩いていること自体に罪悪感を感じ、人目を気にしながら帰宅したことを記憶しています。地域で子どもたちが生き生きと学習する今の授業は、その意味でも隔世の感を感じ、大きな進歩を実感しています。

二つは、教室に地域の人を招いて授業を行うことです。これは、学校というブラックボックスを解放し、地域の人が当たり前のように足を運んでくださる学校となる上での大きな契機となりました。いわゆるゲストティーチャーは、今日ではすっかり定着した感があります。

三つは、教師が地域の活動に積極的に参加する等、地域の人と教師が交流を深めることです。このことは、地域の人と教師の心の距離を縮め、相互理解を深めると共に、教師もまた学校のある地域に生きる人であるという自覚を、私たち教師に促しました。以前、「先生は何かと教えたがる」と地域の人から敬遠されたという話を耳にしたことがあります。筆者自身も反省することですが、教師の論理、教育の論理、学校の常識が、地域では通用しないということを教えられる貴重な機会として、教師の地域活動への参加は大きな意義を有しているとも言えます。このような教師の意識変革は、自ずと地域に生きる子どもを教育する上で、大切な資質となったと言えます。

以上、「開かれた学校」は、難しい課題に向き合いながら、そして家庭や地域の人たちからのたくさんの協力をいただきながら、学校観の変革、授業観の変革、教師の意識の変革など、さまざまな変革を促すという成果を得てきました。

これらの成果は、知的障害教育のみならず学校教育全体が得た成果です。

2 「社会に開かれた教育課程」へ

「開かれた学校」の成果を踏まえ、今、学校教育は、「社会に開かれた教育課程」へと歩み出そうとしています。そこでは、当然、「開かれた学校」の成果を大切にしつつ、さらに踏み込んだ変革が求められています。それは、学校が地域社会と協働することで、地域をつくるというより積極的な意義を有していることによる変革です。

新しい学習指導要領には前文が付されています。その前文には、すべての学校種において「社会に開かれた教育課程」の必要性がほぼ同じ文言で記されています。それほど、新しい学習指導要領では、「社会に開かれた教育課程」が大切にされているのです。特支新指導要領（小学部・中学部）における当該の記述を以下に引用します。

「教育課程を通して、これからの時代に求められる教育を実現していくためには、よりよい学校教育を通してよりよい社会を創るという理念を学校と社会とが共有し、それぞれの学校において、必要な学習内容をどのように学び、どのような資質・能力を身に付けられるようにするのかを教育課程において明確にしながら、社会との連携及び協働によりその実現を図っていくという、社会に開かれた教育課程の実現が重要となる」

ここで、社会に開かれるのが「学校」ではなく、あえて「教育課程」と言われていることは、教育の組織的・体系的な営みを通して、子どもを育てることはもちろん、教育という行為から地域づくりをも組織的・体系的に行っていくべきことを意味すると考えることができます。「開かれた学校」への努力は、結果として地域と学校との相互作用を生み出してきました。このことをより意図的かつ組織的・体系的に行っていくことが求められるのが、「社会に開かれた教育課程」の取り組みです。

この、社会の中での意図的かつ組織的・体系的な営みを教育課程が担う以上、そこには、二つの視点があると考えます。

一つは、教育課程本来の機能である子どもを育てるということに関する視点です。教育課程を編成・実施することで、子どもたちが現在及び将来の社会生活において、確かに役割を担い、生きる存在となること、この実現が求められます。これは、キャリア教育の視点と通じるものです。

しかしそれだけに、キャリア教育が皮相的に理解された場合に陥る過ちと同じ過ちを、この視点は有しているとも言えます。すなわち、将来における社会の担い手としての子どもの教育に傾注すること自体はこの視点からは至極正当です。だからといってそのことが、子どもが現に、今、社会の一員であり、その今の状態で、社会の中で生き生きと生きる存在でなければならないということを見落としてはならないのです。

将来のために、という思いでの教育は、ともすれば、現在の学校生活を準備教育の場とし、それ自体の魅力を失わせてしまうことが懸念されます。

現在の学校生活、現在行われている授業で、子どもたちが地域社会の中で生き生きと学べ、地域社会の一員としての自覚をもてるようにしなければなりません。この点は、「開かれた学校」への努力の過程で、地域で活動し、地域と深く関わることを積み重ねてきた教育実践の知見に学ぶことが多いと思います。そして、その知見をさらに発展させていくために、一授業のあり方にとどまらず、教育課程全般の見直しと充実を図っていくことが必要となります。

そして、子どもが、今、社会に開かれた教育活動をすることで、今現在の社会も変わっていく、今現在の社会をつくっていくという、そういう授業を展開できるようにしていきたいのです。授業を行うこと自体が、子ども自身の学習という側面だけでなく、社会を変えていく、社会をつくっていく営みになることを求めなければなりません。

二つには、文字通り、教育課程を社会に開いたものにしていくということです。この場合、授業の場を地域に求めていくことは重要なこととなります。しかし、それだけでなく、教室における授業であったとしても、そこで取り上げられる内容は、地域社会と密接に関わる内容を選択していくことが必要でしょう。授業の内容が、直接身近な地域とは関係のない内容であっても、地域を考え、社会のあり方を考えるきっかけはあるはずです。そのような観点が今後の教育内容の選択や授業展開には求められます。

子どもにとっての社会を考える場合、「開かれた学校」への努力がそうであったように、基本的には身近な地域社会を考えていくことになります。そこは現実に子どもが生活する場であり、そこを教育活動の場とすることやそこに教育内容を求めることは当然であり、必要なことだからです。子どもの社会的発達を考えても、身近な地域から授業を展開していくことは的を射たことです。その一方で、今日のグローバル化した社会、情報化した社会においては、単純に地域から、という一方向的な社会観のみにとらわれるべきではないことにも留意したいと思います。スーパーマーケットに行けば、地場の産物だけではなく（むしろこれは少なく）、全国いや世界中からの品物があふれています。メディアを通じて子どもが身近に接する情報も地域の垣根を越えています。世界で起こっていることが時間差なく子どもの生活に入ってきますし、影響も及ぼします。

「社会に開かれた」という社会を考える場合、身近な地域社会を想定することは、現実的な判断であり、必要なことであると筆者は考えています。しかし、子どもの生活実態を適確に捉えるとき、身近な地域にかかわる教育活動を大切にしつつも、それにとらわれない社会観ももっていたいと考えます。

3 知的障害教育における「社会に開かれた教育課程」

さて、ここまで総論的にこれまでの学校教育（特に「開かれた学校」への努力）と、これからの「社会に開かれた教育課程」のありようを述べてきました。

それでは、知的障害教育では、これらの動向をどのように受けとめていけばよいのでしょうか。知的障害教育では、その初期から、社会を意識した、さらに言えば、社会に直結した教育にこだわってきました。社会の中で自立した生活を営む子どもの姿を願ってのことです。

生活単元学習や作業学習といった各教科等を合わせた指導を通して、その努力は具体化されてきました。教科別の指導を行う場合も、「生活に生きる」「生活を豊かにする」ということにこだわってきました。ここでいう生活とは、抽象的な概念ではなく、現実に子供たちが生活する地域であり、社会を意味しました。

たとえば、生活単元学習は、学校教育法が施行されて間もない一九五〇年代から精力的に実践されてきましたが、その当時でさえも、たとえば学校近隣の公園の清掃であったり、近隣の会社で働かせていただくことであったりというように、社会の中での活動にこだわってきました。教育計画を立案する上で、地域社会のリソースを外してはそもそも立案ができなかったと言ってもよいくらいです。このことは、「社会に開かれた教育課程」そのものです。あえて言えば、それよりもなお切迫した「社会なしでは成り立たない教育課程」であったとも言えます。

今日においては、生活単元学習のみならず、すべての教育活動で、子どもの自立を目指した教育は、現実的な社会と直結して行われています。このことは、知的障害教育における「社会に開かれた教育課程」の具現化そのものです。

4 「社会に開かれた教育課程」のさらなる充実を

ここで留意したいのは、昨今の教育改革の流れの中で、しばしば私たち知的障害教育関係者がもつ戸惑いとも言える思いに、ここでも出会うという現実です。

その戸惑いとは、すなわち「『社会に開かれた教育課程』というけれども、知的障害教育は昔からそうしてきたではないか（もう少し言ってしまえば、何を今さら、という思い）」という思いです。私たち知的障害教育関係者は、学校教育が「生きる力」に重点を置き始めた一九八〇年代後半期以降、しばしばこの戸惑いを感じてきました。小学校の生活科しかり、総合的な学習の時間しかり、キャリア教育しかり、「アクティブ・ラーニング」しかり、です。どれもこれも、通常の教育で声高に叫ばれれば叫ばれるほど、「知的障害教育では前からやってきたのに」と戸惑うものばかりでした。

この戸惑いを、「開かれた教育課程」を前にしても、感じるのではないでしょうか。

知的障害教育が、子どもの自立を願い、生活に根ざした教育を、さまざまな試行錯誤や論争を経て発展させてきた歴史を振り返れば、この戸惑いは正当なものです。知的障害教育が大切にしてきたもの、時には厳しい批判にさらされながらも大切にし続けてきたものが、今日、学校教育全体で大切にされてきていることを実感します。それは喜ぶべきことであると同時に、戸惑いをも招くという皮肉な事態になっていると言えます。

しかし、筆者は「これまでもやってきた」という戸惑いに共感しつつ、なおこの戸惑いにとどまっていることには同意できません。

戸惑って立ち止まることが、知的障害教育が絶えず実践研究を積み重ね、発展してきたという、もう一つの誇るべき伝統と相反することになると考えるからです。まして、「これまでやってきたのだから」という言葉を、新しいことに踏み出さない、前向きな実践をしない口実にすることは論外です。

「社会に開かれた教育課程」は学校教育すべてが向き合うべき課題です。そうであるならば、これまでの実践の伝統や成果、知見を力にして、知的障害教育ではさらなる「社会に開かれた教育課程」の追究を図っていくべきです。知的障害教育には、それができる実績も伝統もあるのですから。そして、先人が絶えずそうしてきたように、新しい社会での課題や教育課題に果敢に向かい、現場での実践を通じて、その答えを力強く発信していきたいのです。

このように考えるとき、知的障害教育における「社会に開かれた教育課程」充実の方向性が見えてきます。ここでは、その方向性として、以下三点を述べます。

一つには、知的障害教育は、これまでも社会に直結した授業を行ってきましたが、それが実際に社会とどのようなかかわりを有する成果を上げているかについての検討はいっそう必要となるでしょう。子どもが授業で活動することで、実際に子どもの生活がどのように豊かになっているのか、あるいは豊かになっていくのか、このことをきちんと見極めて教育内容を選定し、指導計画を立案、授業を実施していくことが大切です。「この力を付けておけば、将来きっと役に立つから」くらいの見通しではなく、実際に子どもの生活に本当に必要な力を指導できているかを吟味しなければなりません。そのためには、子ども一人ひとりに対して、「育成を目指す資質・能力」を適確に把握する力量が教師には求められます。

二つには、「社会に開かれた教育課程」が求められている以上は、一授業での努力にとどまらず、教育課程全般で対応していくということです。各教科等を合わせた指導にしろ、教科別の指導にしろ、個々の授業の充実レベルではなく、それぞれの授業が有機的につながり、組織的・体系的に社会に開かれていく方向を追究していくことが求められます。

この点に関しては、従前より、各教科等を合わせた指導を中心として教科別の指導等を効果的に展開しながら、まとまりと発展性のある教育課程編成を知的障害教育は大切にしてきました。これは「学校生活づくり」という言い方でも実践されてきたものです。前述の「カリキュラム・マネジメント」に相当することですが、「社会に開かれた」（これは、知的障害教育で言うならば、「社会自立を目指した」あるいは「社会に直結した」と言うこともできます）という方向性をもって「カリキュラム・マネジメント」を自覚的に行っていかなければなりません。

三つには、「社会に開かれた」を単なる社会とのつながりにとどめず、社会に開かれた教育実践を行うこと自体が、社会をつくっていく営みに直結していくべきということです。

たとえば、生活単元学習「学校祭」を地域にも呼びかけ、積極的に行っていくことで、地域の方の参加も増え、地域の行事として定着していきます。このような経験は、多くの知的障害特別支援学校が経験していることではないでしょうか。地域をつくるという営みの一翼を、単元「学校祭」という授業を通じて、学校が担わせていただけた好例です。

生活単元学習で地域の美化作業に取り組んでいく中で、地域の人たちも自発的に活動に参加してきてくださり、結果的に授業での美化活動が、地域の美化活動としても位置づけられることになることもあります。

小学校や中学校の学校行事「運動会」で、特別支援学級が記念品作りをかって出て、いつしかその学校の運動会の定番となるということもあります。学校自体も、特別支援学級の属する一つの社会ですから、これもまた特別支援学級の授業が、学校の文化づくりに参画した好例です。

このように、授業が社会の中で積極的に展開されることで、社会が変わっていくことは、知的障害教育実践にはしばしば認められることです。しかしこれらを持続的に展開していくには、一授業計画のレベルだけではなく、経年的かつ包括的な教育課程を俯瞰していくことが不可欠です。このような教育課程の視点からのいっそうの地域づくりの充実も課題となるでしょう。

「社会に開かれた教育課程」は、我が国の学校教育が、真に「生きる力」をトータルに養う上で、極めて重要な概念です。知的障害教育におけるこの方面での従前からの成果を見直し、その意図を明確にしながら、より組織的・体系的に展開していくことが期待されます。

「社会に開かれた教育課程」は、知的障害教育課程の実践過程においては、必ずしも新しいものではないかもしれませんし、それゆえに、直ちに新しい実践をつくり出すことにはならないかもしれません。しかし、「社会に開かれた教育課程」の目指すものが、知的障害教育が絶えず努力してきた「新しい教育課程（新しい学校生活とも言えます）をつくり出そう」という営みと符合するものでもあることを肝に銘じ、その努力を続けていきたいと思うのです。

Ⅲ

教育目標「自立」と「できる状況づくり」

一　教育目標「自立」を考える

1　自立の本質は支援の下での主体性

ここでは、今一度、特別支援教育の不易の教育目標である「自立」について考えてみましょう。

一般に辞書的な意味での自立は、「他の援助や支配を受けず、自分の力で判断したり身を立てたりすること。ひとりだち」（『広辞苑』第六版）というように、他の援助を受けないということや、「ひとりだち」ということが強調されています。

学校教育法第七二条には、特別支援学校の目的が規定されていますが、そこでも「自立を図るために」と明記されています。

でも、特別支援学校で目指す自立が、もし辞書的な意味の自立であれば、たいへんな問題を生じます。寝たきりの子どもも特別支援学校ではかけがえのない仲間として在籍しているのですから、特別支援学校では学校教育法第七二条に定める自立を達成できないことになってしまいます。

であれば、やはり辞書的な意味での自立ではなく、自立をリアルに捉え直すことが必要になります。

リアルな自立とは何か。それは、誰もが支援の中でこそ、その人なりの自立を実現しているということです（名古屋恒彦『わかる！できる！「各教科等を合わせた指導」―どの子も本気になれる特別支援教育の授業づくり』二〇一六年、教育出版）。

2　支えがあってこその自立

「自分は支えがなくても一人で生きている」と考える人は少なくないと思いますが、事実として、誰もがその人なりの支えの中で生きています。衣食住どれ一つをとっても、他の人の手によらないで生きていることはありません。人が社会的な存在である以上は、他の支えを抜きにして生活するということはあり得ないのではないでしょうか。

戦後初期の知的障害教育の世界では、「ロンビンソン・クルーソー的自立」などという言い方で自立が語られたりしました。ロンビンソン・クルーソーというのは物語の中の人物ですが、無人島に流れ着いても一人でたくましく生き抜いた、という人です。筆者も幼少の頃、ロンビンソン・クルーソーの物語を聞き、まあすごい人だ、と感服していましたが、長じて知的障害教育の世界に入って、自立論の中で、期せずしてロンビンソン・クルーソーと再会したわけです。

しかし、冷静に考えてみれば、このロンビンソン・クルーソーでさえ、全く人の支えを受けていなかったとは到底言えません。無人島で生きていくための知恵は彼が子どもの頃から学んできた様々な知恵の結実でしょう。その知恵は誰かがロンビンソン・クルーソーに伝えたものです。こう考えれば、ロビンソン・クルーソーもまた、誰かの支えの中で生き抜いたことになります。ちなみに筆者は学生時代に「ロビンソン・クルーソー的自立」の話を学んだ際、幼少の記憶から「そうはいっても、ロビンソン・クルーソーだって、本当はフライデーという家来をつくったのに」と内心思ったりしました……。

つまり、私たちが生きていく上で有している知識や技能は、直接間接を問わず、他からの支えなくして得たものはないですし、私たちを取り巻く社会的な環境はすべて他からの支援と言えます。ただ、それらがあまりにも当たり前になっているので、それがあるとは気づかないということです。

さらに突き詰めていけば、知識・技能や環境というある意味で客観的な支えとは別に、そしてそれらよりも、よりはっきりと確かに私たちを支えているのは、私たちそれぞれが大切にしている「かけがえのない誰か」ではないでしょうか。これは極めて主観的ですが、実は確かな支えであるのです。

「あの人がいるから頑張れる」「あの人のために頑張る」という人は、私たちの生活の中で一人以上は必ずいるのだと思うのです。それが誰かは状況によって異なりましょう。恩師であったり、家族であったり、同僚であったり……、さまざまです。教師という仕事に限定して考えれば、教師は間違いなく子どもたちに支えられています。これらの支えも、時としてあまりにも当たり前であるがゆえに、日常では意識されないものかもしれません。でも、やはり私たちはそういう誰かを心に感じ、支えられているのです。

こう考えれば、支えのない自立などあり得ないということが了解できるのではないでしょうか。

3 その人なりの自立

それから、もう一つ大事なことは「その人なりの自立」ということです。筆者は授業で学生のみんなにこういう話をします。「この教室の中に、何十人かの大人がいます。もし誰かをピックアップして、この人の姿を自立の基準に決めたら、必ずその自立の基準から落ちていく人がいるはずです」と。実際、これもリアルに考えることが必要なのですが、私たちの誰一人として、同じ水準や基準、同じ力で自立している人はいないのです。みなそれぞれの力に応じて自立しています。それでもみな同じように生活できているのは、それぞれの力に応じた支えがあるからです。

4 誰もがリアルな自立の中で

自立は、支えがあってこそ、そしてその人なりに、でよいのです。というより、支えがあってこそ、その人なりに、こそが真の自立というべきです。

しかし、私たちは、私たち自身がそのような意味での自立をしているのに、授業場面では子どもたちに、「人の助けを借りないで、ここまでできなければ自立ではない」と現実離れした要求をしていないでしょうか。

各教科等を合わせた指導だけでなく、すべての授業で、適切な支援の下、その子らしい生き生きとした姿の実現を目指していくことこそが必要です。

5　地域で共に生活する姿も当たり前の自立観で

共生社会ということが叫ばれて久しいです。人が共に支え合い、共に生きることを当たり前とみる社会観が、共生社会という言葉の背景にあると考えることができます。

その一方で、特別支援教育の場では、いまだに「一人で生きていく」「ひとりだち」などの自立観に基づく教育が行われていることには矛盾はないでしょうか。

地域の中で生きるということは、単に自分の力で生き、自分の努力で地域に適応していくことではないはずです。互いに大切にし合い、互いをあてにし合いながら生きていってよいのではないでしょうか。

共生社会の実現を願えばこそ、誰かがいてくれるからこそ、という当たり前の自立を学校においても素直に目標にしたいと思います。

二 「できる状況づくり」

1 「できる状況づくり」とは

各教科等を合わせた指導に限らず、授業づくり、生活づくりの基本姿勢は「できる状況づくり」です。「できる状況」とは、「精いっぱい取り組める状況と、首尾よく成し遂げられる状況」と定義されます。このできる状況を一人ひとりに適確に用意していくこと、このことができる状況づくりです。できる状況づくりで一人ひとりへの支援の最適化をめざします。

ここで、「できる状況」を説明する言い方が、二つの部分からなっていることに注目する必要があります。二つの部分の一つめは、「精いっぱい取り組める状況」、二つめは「首尾よく成し遂げられる状況」、この二つが共に満たされて初めて、「できる状況」がつくられたと考えられるのです。

つまり、精いっぱい取り組める活動であっても、結果が首尾よく成し遂げられなければ、満足感・成就感には不足が生じます。逆に首尾よく成し遂げられても、精いっぱい力を発揮できる状況がなければ、やはり満足感・成就感に乏しい、印象の薄い活動になってしまうでしょう。精いっぱい取り組める状況と首尾よく成し遂げられる状況があって、初めて主体性を十分に発揮した自立的な生活となるのです。

2 子どもを「できない子」とは見ないで

できる状況がつくられれば、どの子もその子なりに、力を精いっぱい発揮し、首尾よく成し遂げる、「できる子」になります。したがって、できる状況づくりに努めるならば、子どもを見る目も自ずと変わってきますし、変わらなければなりません。「あの子はできない子だ」とは見ないで、「できない状況に置かれている子だ」と見るようになります。そして、まさに学校生活において、その子をできない状況に置いているのは教師自身であることに気づきます。子どもの能力を否定的に評価するのでなく、教師自身のできる状況づくりの不足を反省するようになります。その反省が望ましいできる状況づくりへの視点となります。

3 「できる状況づくり」と特別支援教育の「支援」

二〇〇七年に学校教育法等の改正が行われ、制度上、「特殊教育」から「特別支援教育」へと名称が変更されました。今日、特別支援教育の場では、「支援」という言葉はすっかり定着した感があります。「子どもをどう支援するか」は、しばしば「子どもをどう教育するか」という言い方と同義とされるほど、障害のある子どもへの教育における教師の行為を普遍的に表す言葉となっています。

しかし、それだけ普及し、日常化した分、支援の意味は曖昧になってきているという側面はないでしょうか。

支援という言葉と教育という言葉が同義で用いられる状況が、教育が真に支援的になっているということを意味するならよいのですが、これまで行われてきた教育——そこには支援とはほど遠い行為もあったでしょうが——を改めずに、支援という言葉に置き換えられているだけだとすれば問題です。

4 「支援」か「指導」か

支援という言葉が教育現場で用いられるようになった当初、「『支援』か『指導』か」という議論を耳にする機会が多くありました。

しかし、この二者択一的な議論に、どこか違和感を感じたのは筆者だけではなかったでしょう。指導という名目で行われる行為が、子どもにとって支援的である、もっと平易に言えば、子どもにとってうれしいこともあるはずです。それなのに、指導という行為や言葉自体を排斥するかのような論調には疑問を感じたものでした。

また、支援という言葉に子どもへの教師の積極的な関与の希薄さを懸念することには一定の理解を示しますが、だからといって「支援ではなく指導だ」と二者択一を迫る姿勢にも疑問を感じました。

指導とは、子どもに対する教師の行為として理解することができます。それに対して、支援とは、もちろん教師の行為を意味することも含みつつ、むしろ教師の子どもへの姿勢や心持ちを含意した言葉とみることができます。

姿勢や心持ちという価値観にかかわる概念でもある支援を、行為としての指導と簡単に対比することは、両者の概念の相が違うのですから無理があったのです。相が違う概念ですから、両者には当然重なりがあってもよいし、違うところがあってもよい、そもそも対比して議論することにどれほど意味があったかとさえ思ってしまいます。「指導がよくて支援は悪い」「支援はよくて指導は悪い」という議論に時間を費やすよりも、「よい支援か悪い支援か」「よい指導か悪い指導か」の議論をそれぞれにするほうが生産的です。

それにしてもどうしてここまで両者が二者択一的に議論されるに至ったのか、どちらも「し」ではじまる、しかも漢字二文字ひらがな三文字で似ているから？とか斜に構えて勘ぐってしまいます。

「『支援』か『指導』か」の安易な対比的議論は、支援の有する大事な側面である教師としての姿勢や心持ちを欠落させ、単なる行為として矮小化させてしまったようにも思います。

「できる状況づくり」を提唱された小出進先生は、『「指導」というよりは『支援』」という表現をされています。この点に関して、小出進先生は次のようにも言われています。

「本人の主体性確保をめざせば、指導の『訓練的側面』よりは、指導の『支援的側面』を大切にすることになる」（小出進『知的障害教育の本質―本人主体を支える　小出進著作選集』二〇一四年、ジアース教育新社）

指導という行為を必ずしも否定するのではなく、姿勢として支援的であることの大切さを述べていらっしゃると考えます。その上で、姿勢と行為は密接に関連するものでありますから、行為においてもより支援的であることを主張されていると考えます。

5　「できる状況づくり」を支援の本質に

支援の本質は、行為にあるのではなく教師としての姿勢や心持ちにあることを肝に銘じたいと思います。

一九七〇年代に、「できる状況づくり」を小出進先生が提唱されて以降、これは全国の現場に広く普及しました。

「できる状況づくり」論で子どもに実現することを願う二つの姿「精いっぱい取り組める」「首尾よく成し遂げられる」は、子ども主体の生活の実現という教育目標の具体像でもあります。授業で、子どもが精いっぱい取り組めていたか、首尾よく成し遂げられていたか、は授業者にとって目をそらすことのできない具体的な事実として認めることができます。その具体的な事実を見据え、授業改善をしていくことが「できる状況づくり」論に立つ授業研究であり、授業改善です。

前述のように、今日、支援の概念はさまざまな経過の中で、曖昧であったり、矮小化されたりしています。曖昧な、あるいは矮小化された支援は、教師側の行為にも曖昧さや矮小化を来しますし、子どもに願う姿にも曖昧さや矮小化を招きます。

それに対して、「できる状況づくり」に努めるならば、その過程で、子どもに願う姿を具体化し、その実現のための支援を具体化できます。そのような具体的な支援を積み重ねることで、子どもたちは日々、精いっぱい取り組み、首尾よく成し遂げられる生活を充実・発展させていくことができます。それは、子ども主体の生活の充実・発展であると同時に、子どもの生きる力を確かに養い、高めていく営みであると言えます。

さらに言えば、「できる状況づくり」は知的障害教育にとどまらず、近年の通常の教育で課題とされる「わかる授業づくり」にも通じる、普遍的な実践論でもあります。

支援という言葉が当たり前になっている今だからこそ、子ども主体の生活の実現という理念の下、「できる状況づくり」を支援の本質に据え、明確かつ適確にして具体的な支援を展開していくべきではないかと考えます。

Ⅳ

各教科等を合わせた指導の魅力

一　各教科等を合わせた指導の魅力

1　各教科等を合わせた指導の充実の意義

各教科等を合わせた指導は、知的障害教育の中核的指導の形態として、従来より自立を目指し、実際的な生活活動をその内容として多様に展開されてきました。

実際的な生活活動に、子どもが主体的に活動に没頭する姿は、今日言われる「主体的・対話的で深い学び」に合致するものと言えます。その意味で、各教科等を合わせた指導は、今後とも多様な学びの一形態としていっそう充実していくべきものと考えます。そのためには、教師が各教科等を合わせた指導の魅力に惚れ込み、教師もまた子どもと共に活動に没頭できればと願います。

そこで、以下では、各教科等を合わせた指導の魅力を、教育課程論、指導法、そして現場の本音という点から考えてみます。この方法の魅力を多くの実践者と共有したいからです。

2 教育課程論からの魅力

教育課程は授業の基盤です。そして、教育課程の要となるのが教育目標です。教育目標をどう設定するかによって、教育課程も、それに基づく授業も、その成果、評価が変わります。

各教科等を合わせた指導の魅力としてあげたい一つめは教育課程論、とりわけその要である教育目標論からの魅力です。すなわち、各教科等を合わせた指導が、特別支援教育が掲げる教育目標「自立」をダイレクトに実現する指導の形態であるということです。

各教科等を合わせた指導の授業では、子どもが自分から・自分で・めいっぱい取り組む姿、主体的な姿が実現できます。この姿に教育目標「自立」の実現を見るのです。

自立は一般には、他からの助けを受けない姿とされますが、特別支援教育では（というより本質的には）、他からの支えがあってこそ実現するものという考え方が広く了解されてきています。他からの支え（学校教育では支援）が行き届けば、子どもは主体的な姿を示します。これはまさに教育目標「自立」の実現を意味します。

教育目標「自立」を授業場面で実現できることは、各教科等を合わせた指導の魅力です。

ところで、「生活単元学習等は『合わせた指導』ではなく、『分けない指導』です。特定の内容を指導する手段としての方法や形態ではないのです」（小出進「座談会　新学習指導要領とこれからの知的障害教育」一九九九年、『発達の遅れと教育』五〇一号）と従来から言われています。小出進先生は筆者の恩師であり、筆者はもちろんこの論を強く支持する立場であることを表明して隠しません。しかし、この論は、しばしば誤解に基づく批判にさらされてきたと思うのです。

特定の内容を指導する手段ではない、というのは、各教科等の中の特定の内容を指導する手段ではないということです。このことをもって、各教科等の内容習得を目指さないと解され、各教科等の習得を目標とする一般的な学校教育のあり方に反するとされる向きがあります。

この点については、次の二点から回答することができます。

一つには、学校教育でなぜ各教科等の習得を図るのかを考えたいのです。それは他でもない、各教科等が「生きる力」であり、その習得によって、より上位の目標である自立を実現するためです。いわば各教科等の習得は教育目標達成の終着点ではなく過程なのです。終着点はあくまでも自立です。そう考えれば、各教科等を合わせた指導がダイレクトに自立を実現することをもって、学校教育の本質的目標を達成していることになります。

自立の達成には、個々の子どもにとっての各教科等の必要な内容の習得は不可欠・必然であり、各教科等を合わせた指導では、適切な支援の下で主体的な姿を実現することに伴い、各教科等の力が習得されているのであり、自立の実現、主体的な姿の実現を目指すということに、各教科等の習得を目指すということが内包されているとみてよいのです。やや難解な言い方になりましたが、各教科等を合わせた指導で子どもたちが確かに力をつけていくことは、この方法を実践する教師には確かな手応えとして認識されていることです。

回答の二点めは、「特定の」内容を指導する手段ではないと言っているのであって、各教科等の内容を指導する手段ではないとは、はじめから言われていないということです。「特定の」つまり、たとえば、「ひらがなを指導するために生活単元学習を行う」というような目標論は間違っているというのです。そうではなく、あくまでも実際的な生活上の目標を設定することに各教科等を合わせた指導の意義があるのです。もしもひらがなを指導したいのであれば、国語の教科別の指導を行えばよいのです。知的障害教育課程は、各教科等を合わせた指導のみを是としているのではなく多様な学び方を認めていることに留意したいと思います。

さらに言うならば、実際的な生活上の目標を設定することで、その学習に必然して（従来、「結果として」と言われていましたが、筆者はより強く、「必然して」と言いたいところです）、特定の内容に限らず、多様な各教科等の内容を豊かに習得できるのです。ここに、指導法としての各教科等を合わせた指導の大きな魅力があります。

3 指導法からの魅力

各教科等を合わせた指導の、指導法からの魅力、それは、多様な各教科等の内容を豊かに習得できることです。この点に関して、従来から学習指導要領解説書では生活単元学習の概念規定において「自立的な生活に必要な事柄を実際的・総合的に学習するものである」という言い方がなされてきました。「自立的な生活に必要な事柄」とは正しくまさに各教科等の内容をさします。二〇一八年に出された解説書では、「自立や社会参加のために必要な事柄」となっています。それらを「実際的・総合的」に学習できるのが、生活単元学習であるというのですが、この記述は、ひとつ生活単元学習にとどまるものではなく、各教科等を合わせた指導全体に当てはまるものであると筆者は考えます。このような学び方ができるのが、各教科等を合わせた指導の指導法上の大きな魅力です。

総合的に学習できるとは、前述のように特定の内容ではなく、多様な内容を習得できるということを意味します。教科別の指導の魅力が絞り込まれた特定の内容を確実に習得できるところにあるとすれば、各教科等を合わせた指導は多様な内容を習得できるところに魅力があります。各教科等を合わせた指導と教科別の指導は指導法上の魅力が異なるから相補い合えるのです。

各教科等を合わせた指導が、各教科等の多様な内容を習得できるということは、何でも習得できるとか、寄せ集め的に内容を盛り込むということを意味しません。それぞれの授業が有する実際的な生活上の目標を達成するという文脈において発揮される力（学習内容）を総合的に習得できるということです。ここに学習指導要領解説書があげる指導法上のもう一つの魅力である「実際的」ということがかかってきます。

実際的に学習できるとは、実際的な生活の中で意味ある形でその内容を習得できる、その力を発揮できるということを意味します。ただ単に、生活に必要な力を寄せ集めて学習するのではありません。実際的な生活、もっと言ってしまえば本物の生活、子どもが本気になれる生活の中で、発揮すべき場面で、発揮したい思いの中で必要な力を発揮し、それを習得していくのです。

意味のある文脈の中で発揮され、習得された力（学習内容）は、意味のある中で今後も発揮され、活用されてゆくでしょう。学習において意味を理解していくことの重要性が認識されて久しいですが、各教科等を合わせた指導は、意味のある文脈での学習を実現します。しかもその意味は、単なる内容理解の段階にとどまらず、実際的な生活場面での活用という「生きる力」に不可欠な意味を有するのです。自立を目指すという点で、より質の高い学習と言うこともできます。

「生きる力」の実際的な内容は多様です。かつて「生活か教科か」という不毛な論争が行われていた時代に、系統的な内容として生活の自立に必要な学習という点から批判的に見られてきた文字学習や計算学習で身につく力も、本来は立派な「生きる力」です。ただし、それが真に「生きる力」となるためには、ただ文字が書ける、ただ計算ができる、ではなく、実生活の中で、生きて活用できる力となっていなければなりません。新学習指導要領はそのことを強調しますが、各教科等を合わせた指導では、そのような「生きる力」の習得が、意味ある文脈の中で確かに実現できます。

知的障害教育では、あいさつや報告の力は、従来から生活に必要な「生きる力」とされてきましたが、これらとて、生活の文脈から切り離されて、機械的に学習したり、不自然な形で学習されたりしていては、真の「生きる力」とはなりにくいのです。その点でも各教科等を合わせた指導で、子どもたちが本気になれる本物の生活の中で、あいさつや報告がなされれば、これらは一般論ではない真の「生きる力」（筆者はこれを「生きた力」と呼んでいます）となるでしょう。

実際的に学習できることは、意味を伴い学習の質を高めます。このことが前述の総合的に学習できるということも担保しています。一般に一つの授業にいくつも学習内容があれば、授業はまとまりがつかなくなります。しかし、生活上の目標の下に一貫した意味のある実際的な場面では多様な学習内容も無理なく習得できるのです。総合性と実際性は相補的な関係と言えます。

4 現場の本音からの魅力

やや理屈っぽく、各教科等を合わせた指導の魅力を述べてきましたが、最後に、現場の本音からの魅力を三点ほど述べます。

一点目は、本物の生活に取り組める魅力です。授業には模擬的な活動を行うものもあれば、全く生活とは関係なく学問的に学ぶものもあります。多様な学びがあってよく、それぞれに魅力があるのであり、互いに他を否定するものであってはなりません。

そのことをわきまえつつ各教科等を合わせた指導の魅力を述べるとすれば、それは本物の生活に取り組める魅力です。誰であっても本気になってよい本物の生活は魅力です。通常の教育でも、文化祭や運動会、部活動などにはその魅力があります。各教科等を合わせた指導の魅力と通じるものです。

二点目は、主体的に取り組める魅力です。これは「主体的・対話的で深い学び」が叫ばれる今日、すべての学習に普遍的であるべき魅力ですが、各教科等を合わせた指導では、前述の本物の生活に取り組める魅力と相まって従来からこれを大切にしてきました。すなわち、本物の生活であれば本気で取り組みたくなります。本気で取り組みたい思い、そこに本物の主体的な取り組みがあるのです。

三点目は、前述の二点、本物の生活に取り組める魅力、主体的に取り組める魅力を、教師自らも子どもと共に、存分に共有できる魅力です。各教科等を合わせた指導の授業において、小出進先生は、子どもと共に生活する教師であることを説き続けられました。そのような教師は「指導者というよりは（引用者注：『指導者ではなく』ではないことに留意されたい）支援者である」（小出進『知的障害教育の本質―本人主体を支える　小出進著作選集』二〇一四年、ジアース教育新社）と言われました。教師は、子どもと思いを共にし、活動を共にする共同生活者です。

子どもが本物の生活の中で主体性を存分に発揮するように、教師もまた、子どもと共に、本物の生活の中で主体性を存分に発揮し、その喜びを子どもと共に分かち合えること。このことが、実は、筆者が感じる、各教科等を合わせた指導の、本音の、そして最大の魅力であるのです。

二　四つの代表的な指導の形態の魅力

1　四つの代表的な指導の形態

知的障害教育実践の場合、各教科等を合わせた指導を大きく位置付けることになります。学習指導要領解説では、それらの指導の形態として、日常生活の指導、遊びの指導、生活単元学習、作業学習の四つが規定されています。これらは、戦後の知的障害教育の歴史の中で、折々の教育的な課題を解決するために実践の中から練り上げられ、体系化されてきたものです。それだけにいずれも実績のある指導の形態です。

ところで、意外と知られていないことですが、各教科等を合わせた指導は、上記の四つでなければならないということではありません。学校等ごとに、オリジナルの指導の形態を考えてよいのです。たとえば、東京都では自閉症の子どもたちへの適切な支援を目指してオリジナルの各教科等を合わせた指導である「社会性の学習」を開発・実施し、成果を上げています。このように、現場の自由な発想で、子どもの教育的ニーズに応える授業づくりができるのもまた、各教科等を合わせた指導の魅力です。

さて、以上を確認した上で、四つの代表的な指導の形態の魅力を考えていきます。

2　日常生活の指導の魅力

日常生活の指導は、学習指導要領解説書では、次のように定義されています。

「日常生活の指導は、児童生徒の日常生活が充実し、高まるように日常生活の諸活動について、知的障害の状態、生活年齢、学習状況や経験等を踏まえながら計画的に指導するものである」

ここで大事にされている日常生活の指導の目標は、「児童生徒の日常生活が充実し、高まるように」というところです。

日常生活の指導が扱う内容は、日々繰り返される日常的な諸活動です。具体的には、登校、靴の履き替え、着替え、トイレ、係の仕事、朝の会、食事、帰りの会等々です。ここにあげられている内容は、身辺処理に関すること（着替えやトイレ、食事など）、日々の生活習慣に関すること（登校、係の仕事、朝・帰りの会など）の二つに分けられます。指導内容の性格から言えば、この二つは別物ですが、日々繰り返される習慣的な活動である点で共通しています。

また、これらの活動は、いずれも生活の中心的な活動にはならないものです。首尾よく取り組まれればそれほど印象に残らない活動と言うこともできます。しかし、だからこそ、これらの活動でつまずくと、一日の生活によくない影響を与えてしまうことにもなりかねません。たとえば、朝の着替えのときに、ボタンが取れてしまったということがあれば、それで一日なんとなく不自由になってしまいます。逆に要領よくささっと着替えができると次のメインの活動に気持ちよく移れるということもあります。

日常生活の指導は、一つひとつの活動は小さなことですが、だからこそうまくいっているとその日がとても快適で主体的になれます。小さなことを支えることで、一日の生活全体を支える、ここに日常生活の指導の魅力の一つがあります。

また、日常生活の指導で扱う活動は、日々繰り返される活動ですので、方針を定め繰り返し支援を積み重ねることができます。こうすることで日々の日常生活の充実を効果的に図ることができます。これも日常生活の指導の魅力です。

それから、学習指導要領解説書では、「生活年齢」についても述べています。この記述は、二〇一八年に出された解説書において加えられた文言の一つですが、とても重要なことと思います。日常生活の諸活動は、食事等のように生活年齢を問わず取り組まれるものがありますが、だからこそ、それぞれの生活年齢にふさわしい指導・支援をしていくことが必要です。小学部の子どもらしい食事、中学部や高等部の青年らしい食事というものがあるはずです。その点に留意することで、日常生活の諸活動の充実が、ライフステージに即して充実していきます。

3　遊びの指導の魅力

遊びの指導は、学習指導要領解説書では、次のように定義されています。

「遊びの指導は、主に小学部段階において、遊びを学習活動の中心に据えて取り組み、身体活動を活発にし、仲間とのかかわりを促し、意欲的な活動を育み、心身の発達を促していくものである」

遊びの指導で大事なことは、「遊びを学習活動の中心に」というところです。遊びを中心にするということは、思いっきり遊ぶことを大切にすることを意味します。ですから、遊びの指導の目標は、子どもが思いっきり遊べるようにすることです。こういう遊びには、仲間との関わり、意欲的な活動、心身の発達といったさまざまな育ちの充実が必然するということです。ですから、定義の後半に書かれているさまざまな育ちを願うことも、もちろん遊びの指導の大事な目標なのですが、それを遊び本来の目標（思いっきり遊ぶ）から切り離さないで、一体的に理解していくことが必要です。

後半の育ちの記述に注意を奪われると、遊びがどうしても学びの手段として本物らしくなくなってしまいます。ボール遊びの中でボールの数を数える活動を入れたりすることはその例で、自然な遊びを不自然な学びの場面が損なう結果になります。思いっきり遊ぶ姿の中に、子どもの生きた力の発揮があり、確かな育ちがあることを正しく理解し、思いっきり遊ぶことに教師も徹することが大事です。

そのように子どもも教師も思いっきり遊ぶ生活は、生活の豊かさと同時に確かな学びを実現します。ここに遊びの指導の魅力があります。

もちろん、教育活動の中には、遊びを手段化して効果を上げる指導も存在します。国語の時間にカルタをしながら言葉を覚えるというのはその好例です。このような指導も大いにあってよいのですが、この場合、遊びそのものが目標ではなく、国語の学習の目標の達成が子どもの教育的ニーズになります。その意味で、遊びの指導とは区別されます。「あれか、これか」で、どっちがよくてどっちが悪い、ということではなく、学習の多様性を認め、遊びの指導と、遊びを手段とする指導の使い分けが大事です。

なお、学習指導要領解説書が遊びの指導を解説する際には、「児童」という言葉が使われます。つまり遊びの指導は、小学部段階の指導の形態ということです。小学部の生活年齢の生活に不可欠な遊びの充実を図ることに遊びの指導の意義や魅力があります。

それからもう一つ、遊びの指導は、自由度の高い各教科等を合わせた指導だというのも魅力です。従前から学習指導要領解説書では、遊びの指導は、他の各教科等を合わせた指導としても展開できるという趣旨の説明がされています。具体的には、遊びの指導を単元化すれば、生活単元学習の遊ぶ単元と同一のものとなります。また、遊びの指導を朝の時間などに習慣的に繰り返せば（朝の会でのゲームや、保育所等で行っている朝の自由遊びのように）、日常生活の指導の取り組みと見ることもできます。このように他の各教科等を合わせた指導と無理なく一体的に取り組めるのも、遊びの指導の多様で自由な展開を示すものです。これも遊びの指導の魅力です。

4　生活単元学習の魅力

生活単元学習は、各教科等を合わせた指導の中でも最も伝統があり、その代表と目される指導の形態です。かつ子どもの生活の中心たるべき指導の形態です。

生活単元学習は、学習指導要領解説書では、次のように定義されています。

「生活単元学習は、児童生徒が生活上の目標を達成したり、課題を解決したりするために、一連の活動を組織的・体系的に経験することによって、自立や社会参加のために必要な事柄を実際的・総合的に学習するものである」

生活単元学習の目標は、ずばり「児童生徒が生活上の目標を達成したり、課題を解決したりするために」行うということです。遊びの指導の定義と同様で、定義の後半部分には、生活に必要な力の習得が述べられていて、これももちろん大事な目標なのですが、子どもが生活上の目標を達成したり、課題を解決したりするために存分に活動することに必要な力の習得が含まれるというように、両者を一体的に理解することが重要です。

私たちの生活でも、何かを目指して存分に活動する日々があります。その活動にはそれ自体に価値があり、生活を豊かにします。そして、そのような生活に取り組んだ私たちは、間違いなく生きた力を身につけていきます。この、ごくごく常識的で、しかも価値ある事実を、学校生活でも展開しようというのが、生活単元学習です。そのために、生活をいかに本物にしていかれるかが、授業の成否を決めます。と同時に、そのような本物の生活に本気で取り組む子どもたちが発揮する力をきちんと見極め、支援していく力量も問われます。これらの力はまさに学習指導要領で示す各教科等の内容ですので、学習指導要領の示す各教科等の目標及び内容を正しく理解するとともに、生きた生活の中にそれを正しく見いだすことも必要です。この部分を見誤ると、生活の中に不自然な学びの場面が混入し、たちまち生活が本物でなくなってしまいます。

また、定義の中にある「一連の活動を組織的・体系的に経験する」という部分は、単元化を意味します。単発に取り組むのではなく、一定の目標や課題に沿って、一定期間の生活を、生活としても学習としてもまとまりのあるものとして組織化・体系化することで、より高い効果が期待できます。

生活単元学習では、活動が本物であることが大切です。そのような本物の生活に、子どもも教師もともに一定期間存分に取り組めること、その中に確かな育ちがあることが、戦後一貫して実践者を惹きつけてきた生活単元学習の大きな魅力です。

ところで、生活単元学習の授業研究会で、次のような議論がなされることがあります。たとえば、小学校特別支援学級での単元「クッキーを作ろう」で、クッキーを作っている授業で、「この授業は家庭科ではないですか？」という問いがなされることがあります。この問いのよってきたるところは、確かに納得できるところがあります。クッキーを作る活動が中心ですから、家庭科の調理ではないかということです。悩ましい議論ですが、この解決は、授業の目標を確認することで解決できます。

つまり、目標が「クッキー作りを楽しむ」や「クッキーを作って交流学級の友だちにプレゼントする」であれば生活単元学習、「クッキーの作り方を覚える」や「オーブンの使い方を覚える」であれば家庭科です。その活動自体を楽しんだり、その活動によって生活の目標を達成したりする目標であれば生活単元学習です。その活動によって特定の各教科等の内容習得を図るのであれば教科別の指導となります。もちろん、生活の目標であっても、その中に各教科等の習得が一体的に含まれることはすでに述べました。また、教科別の指導でも、子どもが生き生きと生活の目標をもって活動することは望ましいことです。要はどちらの目標が前面に出るかということです。

なお、新しい学習指導要領が掲げる「育成を目指す資質・能力」は単なる知識・技能にとどまらない豊かな内容を有していますので、実際には判然としない場合もあり得ます。その場合は、生活単元学習であっても教科別の指導であっても、子どもの生活の豊かさを実現する授業であれば、無理に両者の区別にこだわるより、子どもの豊かな生活を実現する授業であることの価値を評価することをより大切にしたいと思います。

ただ、現在、現場で行われている議論の多くは、授業の目標の明確化で解決できると思います。目標によって生活単元学習か教科別の指導かを区別するというこの考え方は、生活単元学習に限らず、すべての各教科等を合わせた指導と教科別の指導を区別する場合に同様に適用できます。

5　作業学習の魅力

作業学習も、生活単元学習同様、知的障害教育では伝統的な指導の形態です。学習指導要領解説書では、次のように定義されます。

「作業学習は、作業活動を学習活動の中心にしながら、児童生徒の働く意欲を培い、将来の職業生活や社会自立に必要な事柄を総合的に学習するものである」

この定義では、「児童生徒」とされていますが、主に中学部・高等部段階、つまり青年期に入り、働く生活がふさわしい生活年齢の生徒を対象とします。

作業学習の定義は、遊びの指導の定義と同じ構造を有しています。つまり、「作業活動を学習活動の中心に」することが大切です。作業活動を中心にするということは、やはり作業を手段化しないで、本物の仕事をしていく、ということを意味します。そうすることで、定義の後半にある職業生活や社会自立に必要な事柄を学ぶことができます。ここでも、本物の仕事に本気で取り組むことと、確かな育ちが一体的に理解されていくことがポイントです。

しばしば、作業学習の目標に「報告ができる」ということが高い優先順位であげられていることがありますが、このような目標設定は作業学習としては不適切です。簡単に言えば、私たちの実社会での仕事で、報告ができるようになるためにしている仕事はないからです。しかし、本気で働いていれば、必要な場面での報告というのは必ずあり、そこで本物の力として報告の力を高めていけます。作業学習も、本物の仕事に取り組むことが優先順位の高い目標となります。報告することを目標にするのを否定しているわけではなく、本物の仕事にその学びが含まれるということです。

報告を目標にした授業ももちろんあってよいのです。その場合は、「職業・家庭」や「職業」などの教科別の指導で取り扱うのが適切です。ここでも「あれか、これか」ではなく、学びの機会の使い分けが必要です。

また、作業学習では、ただ働く・作るだけではなく、会計や営業、班経営なども生徒が中心になって取り組みます。そうすることでより意欲的な活動が展開できます。

やりがいと手応えのある作業学習は、今日的にはキャリア教育としても有効です。この点については、各教科等を合わせた指導とキャリア教育との関係の中で、後述します。

筆者は高等部教員としての生活が長かったので、本物の仕事に本気で働いた充実感を身にしみて知っています。このような時間を生徒と教師が共有できることは、作業学習のかけがえのない魅力です。

三　各教科等を合わせた指導で培う力

1　各教科等を生き生きと把握する

　各教科等を合わせた指導では、各教科等の内容が実際的、総合的に、そして生き生きと豊かに習得されていきます。これらの内容は、学習指導要領に示されていますので、実践に当たっては学習指導要領が示す各教科等の内容を適確に把握しておくことが必要です。「育成を目指す資質・能力」の三つの柱から多面的に各教科等の内容を把握することで、単なる知識・技能ではない、生き生きとした力として各教科等を理解することができます。知的障害教育教科は、従前から生活を豊かにする内容で組織されてきましたので、新しい学習指導要領が示す「育成を目指す資質・能力」としてブラッシュアップすることで、いっそう理解が深まります。

　とはいえ、以上のようなことに留意するとしても、実際の現場では、子どもたちにとって必要な力を、一般論ではなく、真に必要な力として把握していくことは存外、難しいことのように思います。

　やはり、指導すべき内容、ということで、その内容を意識した指導に力が入るあまり、子どもの実際の生活の姿やそこでの必要感との間に距離ができてしまうのではないでしょうか。

そこで、以下、筆者が知的障害教育の実践の過程で学んできたことを中心に、実際的な「生きた力」のあり方を、具体例に即して述べていきます。

2 よい出会いがよい将来に

知的障害を併せ有する自閉症のAさんは、特別支援学校高等部での産業現場等における実習（以下、「実習」）で、仕事に黙々と取り組みました。実習先の社長さんは、Aさんの仕事ぶりには太鼓判を押してくださいましたが、「Aさんは、返事ができない。返事をできるようにすることが就職のための最後の条件です」とのこと。Aさんも自分なりに意識し、担任教師も返事の場面での指導を怠りませんでしたが、結局、返事ができるようにはなりませんでした。でも、そんなAさんの就職を社長さんは許してくださり、卒業と同時に無事に就職。十年以上経った今でも会社で当てにされる仕事人です。

重度の知的障害のあるBさん。実習での仕事のペースは決して早くはありませんでしたが、手を休めずに頑張る姿に、会社の人たちから高い評価を受けました。ただ、Bさんはトイレ等身の回りのことに支援が必要でした。それでも実習終了時の評価は就職OK。時々あるトイレの失敗は、社員さんが清掃等の対応をしてくださっているそうでした。

知的障害を併せ有する自閉症のCさんは、高等部卒業後、会社勤めをしていましたが、事業所の移転に伴い、他のパートさんたちと一緒に失職。そこで再就職を目指して障害のある人の雇用を支援する専門機関に相談に行ったところ、「Cさんはコミュニケーション能力に課題が大きいので一般就労は無理です」とのこと。その後まもなくご家族のご努力で、新しい会社に就職できました。

ＡＤＨＤのＤさんは、高等学校卒業後、一人暮らしを始めましたが、物の管理や時間の管理が苦手で生活リズムがうまくつくれません。それでも大学に通う傍ら、得意分野の会社でアルバイト。出勤時間等はなかなか守れず、大学も卒業できませんでしたが、会社の方の理解を得て、柔軟な勤務形態を許していただき正社員として就職しました。

自閉症のＥさんは、作業能力は高くいろいろな仕事をこなせる人でしたが、独特の行動があり、会社の中でなかなかなじめないものがありました。そこで社長さんは、Ｅさんの出身校の教師と相談しながら、Ｅさんの行動が出にくい環境やＥさんを許容してくれるスタッフを整えたセクションを、時間をかけて構築してくださいました。

3 「必要な力」がもたらす問題

以上の五つのエピソードは、いずれも架空事例ですが、実際の事例に基づくものです。

Ａさんには「返事」、Ｂさんには「身辺処理」、Ｃさんには「コミュニケーション」、Ｄさんには「時間の管理」、Ｅさんは「問題行動の改善」と、それぞれに課題を有したまま、一般就労を実現しました。五人が有する課題は、いずれも学校教育や福祉の現場では、「一般就労で必要な力」の代表的なものでもあります。

特別支援学校等では、これらの能力をアセスメントして、たとえば「一般就労コース」「福祉コース」のようにコース分けをして進路支援をすることがあります。子どもの様子に即して進路を考えるという点で、教育的ニーズに即した指導を展開しやすい利点があり、一概にこの方法を否定するものではありません。しかし、「Aさんは返事ができないから、一般就労は無理」と決めつけてしまっていたら、高等部卒業時にAさんの一般就労はかなわなかったでしょう。また、「Aさんは返事ができることが、一般就労のための課題」と、そのことを中心に学校で授業が計画・実施され訓練的な指導に終始したら、やりがいや手応えのある学校生活はなかなか実現しにくくなったでしょう。

一般就労に必要な力は、これまでも教育や福祉、労働などの現場や関連する研究機関でさまざまに研究され、一般就労をするためのアセスメントや指導に活用されてきました。進路選択の目安にもされていますし、それに基づいた指導によって一般就労を実現した事例も多く報告されています。一般就労に必要な力を明らかにし、指導するという方法は、特別支援教育の指導法の選択肢として実践的なエビデンスを有していると言え、否定されるべきものではないと筆者も考えます。

しかしどうでしょう。前記の五人は、一般に言われる「一般就労に必要な力」を身につけないまま、無事に会社勤めをしているわけです。

ですから、筆者は、「一般就労にはこれだけの力をつけないといけない」という考え方が、唯一の指導理念になるとは思えません。教師が一生懸命、誠実に考えれば考えるほど、その種の力の分析は緻密になり、精度が上がります。そうしてできた教育内容表や指導段階表には、教師の信頼も高くなります。したがって安心して子どもの進路支援に用いられます。その結果として、すでに述べましたように成果を上げることもありますが、時として、子どもの一般就労への可能性を学校在学中の早々に閉ざしてしまうこともあります。

能力のスケールをつくり、「ここまでできれば一般就労、ここまでできなければ福祉サービス」というような進路支援が固定的に展開された場合、かつての一般就労至上主義、福祉は一般就労できなかった人たちの場という誤った進路意識を導き、多様でそれぞれに価値のあるはずの進路先の不当な序列化につながることも懸念されます。一般就労であっても、福祉就労であっても、その人に合った進路であれば対等なはずなのに。

「一般就労にはこれだけの力をつけないといけない」という考えは、逆に言えば、その力がつかない人は一般就労できないという意識につながりかねないものです。ですから、その力の基準が緻密で精度があればこそ、その基準に該当する人と該当しない人を緻密かつ精度高く分けることが可能になります。そのような緻密で精度の高い基準への信頼が、誰にでもある進路を自由に考える権利（その自由は、現実的な進路を本人の意思で選択する自由です）を他者が制約するという皮肉な結果にもつながりかねません。

また、「力をつけないと一般就労できない」という焦りを、子どもにも教師にも抱かせてしまうのではないかということも心配です。

「一般就労にはこれだけの力をつけないといけない」という考え方には、そのような心配が伴います。

4　その人なりの力を大切に

とはいえ、冒頭紹介しました五人に、それぞれの会社に就職するための力がまったくなかったわけではありません。五人とも、それぞれの会社で、担当する仕事にその人なりに精いっぱい働く姿がありました。そのことが就職につながることになりました。ですから、やはり一般就労には力が必要なことも、前記事例は教えてくれるのです。

ただし、その力は、普遍的で一般的な力ではありません。Aさんが勤めた会社にBさんが勤めることはできないかもしれません。Bさんが勤めた会社にAさんが勤めることも同様に難しいかもしれません。要は、その人の発揮する力と、会社が必要とする力がマッチしているかが、大きなポイントです。その人なりの力の発揮と、その力を必要とする会社の出会いが就職を決めているのです。それからもう一つ、五人が就職した会社には、いずれも五人にとって居心地のよい支援、最適な支援があったということも重要なポイントです。

成人して社会に出て働く生活をするには、確かに力が必要です。しかし、その力には煎じ詰めていけば、最大公約数的な「これだけは！」というものは見いだしにくく、むしろ働く生活に「その人なりに」取り組める力こそが必要なのではないでしょうか。「これだけは！」という力の特定に、周囲の支援者が労力を傾けるよりは、その人なりの力の発揮を支えることに、力を注いだ方が生産的です。

それから、社会に出ていく人を支援する上では、進路先探しも大切なことです。そこでは、その人に合った進路先、その人に合った環境を探していくことが大事です。つまり、その人に合った支援が行き届いている（あるいは行き届きそうな）場所を探すということです。そのためには、家族や支援者（学校であれば教師）が、その人に合った最適な支援を、絶えずそれぞれの場で考え、具体化していくことが求められます。そうして、具体的な支援がイメージできていれば、どんな場がその人の進路先として合っているかもイメージしやすくなります。

筆者は、養護学校（現在の特別支援学校）で勤務し、進路支援を担当した経験をもっていますが、卒業生の就職先の会社から、「先生、Fさんは今〇〇の様子なんだけど、学校ではどうしてました？」と電話をいただくことがありました。筆者の勤務する学校では、どの子も精いっぱい活動し、首尾よく成し遂げられるための支援（「できる状況づくり」）を徹底して行っていましたので、この種の問い合わせには、すぐに対応することができました。学校で支援の蓄積があるので、社会で同じような状況があったときに、具体的なアイデアがすぐに出せるのです。

しかしもし、学校で、「社会では一人で何でもできなければならない」ということで支援を手控え、訓練的な指導を中心としていたらどうでしょう（こういう指導はしばしばあります）。手控えているのですから、学校には支援のノウハウの蓄積も乏しく、いざ卒業後の進路先から相談があっても、アイデアの出しようがありません。

5 「力」と「支援」を次の支援者にバトンタッチ

筆者が進路を担当していて先輩教師から、学校が進路先につなぐべきものとして学んだものが二つあります。一つは、子どもの「力」です。学校で培った力は、間違いなく卒業後の生活でも大きな力となります。これらの力は、学習指導要領では、各教科等として整理されています。

もう一つは、その子どもへの「支援」です。学校で精いっぱい支援を考え、実施していくことで、子どもは生き生きと主体的に生活する姿を示します。そのようなよい姿を学校卒業後の生活でも継続し、充実していけるように、学校が蓄えた支援のノウハウを、進路先の次の支援者にバトンタッチしていくのです。

すでに述べましたように、「社会で生活するためにこれだけの力は必要」という考え方には、十分な注意をすべきです（正直に言えば、筆者個人はこのような考え方に立って子どもを支援したことがありません）。しかし、だからといって力が必要でないわけではありません。その人なりに、社会の中で発揮する力があることが大事です。そしてその力は、適切な支援の下でこそ十全に発揮できます。ですから、力と支援をセットにして、学校生活で大切にし、学校外での家庭や地域での生活、そして学校卒業後の生活に広げていくことになります。

6 「社会は厳しい」？

ここまで忍耐強く読み進めてくださったみなさまはどう思われたでしょうか。おそらく「結構な話だが、世の中はそんなに甘くない。社会は厳しいのだ」と思われた方もいらっしゃるのではないでしょうか。学校で進路支援を担当している先生方にも（いや、先生方だからこそ）、社会の厳しさを訴え、支援を控え、必要な（と教師が考える）力を指導・訓練している現実が確かにあります。

しかし、そもそも進路支援とは何でしょうか。社会に出たとたんに、その人がつらい思いをする、孤立無援になる、そんな社会に生徒を送り出すことが進路支援でしょうか。筆者が教わった進路支援はそういうものではありませんでした。「この仕事だったらGさんはできる」「この工場長さんがいてくだされば、Hさんは大丈夫」と、生徒に合った会社や福祉サービス事業所を見つけ、さらに本人や保護者の方の同意が得られたところを進路先としていくのが進路支援ではないでしょうか。その努力を怠り、「社会は厳しい」ということばかりを強調するのはいかがかと思います。

確かに社会は厳しいです。実習先・就職先の会社探しをしていて、「うちは慈善事業ではない」というような厳しい言葉をいただくこともあります。しかし同時に、本物の社会は優しさももっています。そういう優しさに出会えるための進路支援が必要ですし、そのために学校でも、その子なりの力の発揮と充実を図っていくのだと思います。

前述のFさんの例は、筆者が実際に経験した事例ですが、次第に会社からの問い合わせは減っていきました。それもそのはずです。学校でのFさんと教師よりもずっと長い時間、会社ではFさんと会社の方は付き合っています。しかも会社の方は人を使うプロです。ですから、学校でのささやかなアイデアなどすぐに追い越してよりよい支援条件を整えてくださるのです。繰り返しになりますが、社会には優しさもあるのです。

7　各ライフステージでの生活の充実が「生きた力」に

学校教育の現場では、よく「中学部に入学するまでにこれだけの力を育てておきたい」「高等部卒業までにこれだけの力を」ということが叫ばれます。これは時に教師の焦りにもなります。そのような教師の子どもへの思いに偽りはなく、むしろ誠実な思いであると筆者も思います。その子の身になって、真剣にならなければ、このような焦りは生まれないからです。

しかし、ここで、「育てておきたい力」は、本人の目線で、「発揮したい力」に置き換えて考えたいと思います。人は、家庭であっても、地域であっても、学校であっても、やりがいと手応えのある活動に出会ったときに、真に力を発揮します。そこで発揮される力は、本人が発揮することを望む「発揮したい力」です。そのような、実際的な場面で、主体的に力を発揮する過程で、その人らしく確かに力の充実が図られていきます。

新しい学習指導要領にも確かに引き継がれている教育内容論として、学校教育では「生きる力」ということが言われます。人が社会の中で豊かに生きていくために必要な力という意味ですが、この「生きる力」も一般化されリスト化されがちです。しかし、冒頭の五人の例のように、一般的に必要とされる力が必ずしも本当にその人の生活を豊かにするとは限りません。ですから筆者は、「生きる力」と一般に言われるものの中から、その人がそのリアルな生活の中で、本当に発揮したいと考える力への支援こそが大事だと考えます。その意味で、「生きる力」というよりは、生きて発揮される力、「生きた力」というべきものが大切であり、「生きた力」の発揮とそれへの支援こそが重要だと考えているのです。

そのような「生きた力」が発揮され、充実していくためには、その人の生活が、それぞれのライフステージにふさわしいものとして整えられていることが必要です。このことは、本当の意味での「育てておきたい力」と通じます。

「生きた力」を発揮できる生活は、それぞれのライフステージにふさわしい生活です。それは家庭、学校というように、場によっても違いますし、生活年齢によっても違ってきます。以下、それを考えたいのですが、その前にいずれの場や生活年齢によっても共通することをあげます。

それは、なんと言いましても、その生活が、その人にとってやりがいや手応えのある生活になっているということです。生活年齢にふさわしい活動であることや、その人にとって価値のある活動であることなどが要件になります。その人にとって価値のあることには、社会的有用性（仕事のような）が伴うことは重要ですが、趣味や子どもにとっての遊びのように、そのこと自体にその人が価値を見いだしていることも含みます。

8　幼児期・小学生前半期は遊びの充実

幼児期や小学生年齢前半期は、家庭でも学校でも、遊びを中心とした生活を大切にします。遊びは、「そのこと自体を目的とし、そのこと自体を楽しむ活動である」と、筆者は学生時代に恩師である小出進先生から教わりました。さらによく考えてみますと、成人にとっての仕事も本質は、「そのこと自体を目的とし、そのこと自体を楽しむ活動である」と言えないでしょうか。そう考えれば、遊びは、大人にとって仕事が生活の中心であるように、幼児期や小学生年齢前半期における生活の中心として価値あるものです。どの子も存分に遊び、「今日に満足し、明日を楽しみに待つ生活」（これも学生時代に恩師から教わった言葉です）を実現できれば、その生活は充実します。

学校教育で遊びを中心にした生活ということを強調すると、必ずといってよいほど、「遊んでいるだけでよいのか」「ただ遊んでいるだけでなく、お手伝いや係活動のような役割のある活動を重視すべき」といった批判がなされます。

しかし、注意すべきは、あくまでも「遊びを中心にした」であって、「遊んでいるだけ」ではないということです。日中活動で遊びが充実することで生活に中心ができます。その中心があってこそ、家庭であれ学校であれ、生活の中で、お手伝いや係活動などに取り組んでいけば、いっそう生活は充実します。

キャリア教育が叫ばれた当初、仕事や役割が重視され、特別支援学校小学部での遊びが脇に追いやられ、お手伝いや係活動の授業が強調されたことがありました。このような不自然な形での仕事や役割の強調は、幼児期や児童期前半の遊びを中心とした自然な生活を歪めます。

9　青年期は本物の働く生活を中心に

小学生年齢も後半期（高学年）になれば、遊びを徐々に卒業し、ものづくりや働く生活の充実を図ります。そうすることで、高学年らしい頼もしさやたくましさの中で、子どもたちは生活できます。家庭でも学校でも、子どもをいつまでも子ども扱いしてしまいがちです。子どもはどんなに大人になりたくても、周囲が子ども扱いしていては大人になれません。障害の有無や軽重を問わず、生活年齢にふさわしい生活づくりをしていくことは教師の大切な努めです。

中学校や特別支援学校中学部に入学した以降は、青年期です。家庭でも学校でも働く生活を軸にして生活づくりをします。特別支援学校では、作業学習や働く生活単元学習が大きく位置付けられ、本格的な労働活動や生産活動に取り組みます。ただ働くのではなく、販売等、本気になれる目標をもって取り組むことでやりがいや手応えのある本物の働く生活になります。

ところで、作業学習等では働く力を培うことになりますが、「ほうれんそう」（報告・連絡・相談）が社会では大事だと言うことで、何かと言えば報告ばかりしている授業も少なくありません。しかしこのような授業で力を育てて社会に出た後、事業所の方から「報告をたくさんしてくれるのですが、できれば自分でどんどん仕事を進めてほしいのですがね」とこぼされることがあります。学校で教わった形式的で実際的でない言い方で、職場で報告をしたら、職場の人たちに笑われた、という話も伺ったことがあります。これらは、報告スキルと称するものが、不自然な形で指導された結果であり、これらのことは決して本人ではなく、全くのところ教育の責任です。自然で実際的な本物の働く生活をしてこそ、本物の報告スキルも「生きた力」として発揮され、身につきます。

青年期でもう一つ大切にしたいのは、青春です。働くことを中心としながら、スポーツや芸術などにも存分に取り組めればと思います。家庭でも趣味的活動として取り組めればと思います。なお、本書では生活年齢ということにこだわってきましたが、家庭生活や個人生活であれば、趣味として子ども向けアニメ等に没頭してもよいはずです。ただし、それは本人が選択すべきことで、周囲が子ども扱いした結果、ということではいけません。

個人生活の自由ということに関して、グループホームで支援をしていた人から「利用者さんが休日寝てばかりでいる。余暇活動の充実を図りたい」という話を伺ったことがあります。お気持ちはわかりますが、筆者も就職してしばらく（数年?）は休日はもっぱら寝て過ごしました。休日をどのように過ごすかは、その人の自由であり、ステレオタイプな「望ましい生活」「豊かな生活」を押しつけられたらたまったものではありません。

ただし、本人が「寝ているしかないから」というような、支援の不足等により周囲がそのような状況に追い込んでいる結果であるとしたら、周囲の支援の改善が求められます。

10　今の充実を図り、将来に確かにつながる力

それぞれのライフステージにふさわしい生活に、家庭でも学校でも、その人なりに力を発揮して生活を積み重ねていくこと、そのための支援の最適化に周囲が努めることが、豊かな将来の生活にもつながるものと筆者は考えます。

このような力を、学校教育においてどの子も、その子らしく発揮していくことが大切です。その子らしく、その子なりの力を、教師は見極め、そのような力が発揮できる状況づくりをし、その力の発揮を支援し、確かな習得を図っていきます。

各教科等を合わせた指導は、実際的な生活活動を学習活動として展開することで、やりがいと手応えのある生

活、「生きた力」を発揮する生活を実現しやすくします。さらに、生活年齢に即して、遊びからものづくり、働く活動へ、と時系列的に緩やかに教育内容をシフトしていきますので、ライフステージごとの生活の充実の実現も容易にします。

筆者の経験では、小学部時代に思いっきり遊んでいた子どもは、中学部・高等部になると思いっきり働く人になります。このことには障害の種類や軽重は関係がありませんでした。理由は簡単です。遊びといい作業といい、ライフステージごとに取り組む活動は違いますが、いずれの活動であっても、思いっきり活動することの「うまみ」を知っているので、ライフステージが変わり、主な活動が変わっても、思いっきり活動することができるのです。

ライフステージごとに、その子なりの生き生きとした活動が展開できることも、各教科等を合わせた指導の魅力です。そのために、その子なりの「生きた力」を適確に把握し、授業を計画・実施していく力量が、教師には求められます。

四　各教科等を合わせた指導の評価

1　学習評価の意義

昨今、知的障害教育分野でも、学習評価に対する関心が高まっています。

とはいえ、このような書きぶりは、一見妙に思えます。そもそも教育において、学習評価をしなければ、子どもの学習状況の確認も授業改善もできないわけです。学習評価は教育の基本中の基本であり、それに「関心が高まっています」というのは、いささか不可解です。そこで、この事情にもう少し説明を加えます。前述の言葉をより正確に言うならば、「昨今、知的障害教育分野でも、観点別評価による学習評価に対する関心が高まっています」となります。

知的障害教育でも、もちろん教育の基本中の基本である学習評価はしてきました（しかし実際には一部に好ましからぬ例外もありましたが、これは後述します）。学習評価はしてきたけれども、観点別評価に対しては消極的であった事実があります。筆者は、国立特別支援教育総合研究所が行った「平成25年度～26年度　専門研究B『知的障害教育における組織的・体系的な学習評価の推進を促す方策に関する研究―特別支援学校（知的障害）の実践事例を踏まえた検討を通じて―』（研究代表者：尾崎祐三）」に研究協力者として参加させていただきましたが、ここでも知的障害教育で観点別評価を行うことの必要性が述べられました。

もとより、知的障害教育の授業は、各教科等を合わせた指導に代表されるように、子どもの活動に即した評価が求められ、通常の教育の系統的な教科学習の評価とは必ずしも同一軸で議論しにくいところがありました。この難しさは、通常の教育内での教科学習と総合的な学習の時間の間に見られる学習評価の違いに基づく難しさに通じるものです。各教科等を合わせた指導の学習評価では、数値化して評価できる部分もありますが、そうでない部分が多く認められていました。そこで、通知表の記載等にも見られるように叙述型の評価がとられることが多くありました。

本来、叙述型の評価は、質的評価に踏み込む観点別評価にむしろ馴染むと思うのですが、以上のように、どこか通常の教育の学習評価と一線を画してきたところに、観点別評価への躊躇が生じた理由があるのかもしれません。

しかし、通常の教育と知的障害教育の健全な連続化が望まれる今、観点別評価による学習評価を行うことに臆病である必要はないでしょう。

観点別の学習評価を実践に即して行うことによって、授業改善、子ども理解、教育課程改善などを効果的に進めることができると考えます。

そこで、以下では、授業改善、子ども理解、教育課程改善の点から観点別評価の意義や留意点を考えてみます。

なお、今後、本書で観点別評価という場合、「育成を目指す資質・能力」の三つの柱もしくは、学力の三要素に即して設定する三観点「知識・技能」「思考力・判断力・表現力等」「学びに向かう力、人間性等（もしくは主体性）」を前提にします。

2　授業改善の側面

①　目標に即してブレず、しかも多面的な授業づくり・授業改善

観点別評価を行うことで、授業の目標に即してブレのない授業づくり・授業改善を行うことができます。それだけでなく多面的に授業づくり・授業改善を行うことができます。

観点別評価とは文字通り観点別に評価をすることです。何を観点別に評価するかといえば、目標に即した授業の成果を観点別に評価するということです。学習評価の基本は、どこまでも目標が達成されていたかの評価を基本とします。目標とは違うことが身についたとしたら、それがその子にとってどんなに有益であっても、それは授業の成果としては評価されません。

授業において目標が達成できたかを評価するのが、学習評価の基本です。目標と評価は一体なのです。その評価を観点別に行うことで、ブレず、それでいて多面的に評価をすることができます。

観点別評価を取り入れる場合、目標の段階で観点別に目標を記載することがあります。目標と評価が一体であることを考えれば正しい選択の一つです。観点別に目標を設定する場合、「この授業の目標を観点別に見れば次の三つですよ」というような示し方になります。この点にブレない（目標は一つ）、多面的（三つの観点から目標を見る）という、一見すれば矛盾するようなことが調和的に実現できるのです。

「評価の三観点」は「評価の三種類」ではないことに留意が必要です。三種類の目標を評価するのではなく、一つの目標を三つの観点から評価するのです。

このことはたとえて言えば、次のようなことです。「お茶」はどこまでも一つのものですが、物質の状態という観点で言えば「液体」、色という観点で言えば「緑」、温度という観点で言えば「熱い」となります。どれも異なる描写ですが一つのものである「お茶」を表しますし、こう表すことで「お茶」のことがより多面的に理解できます。観点別評価の場合の観点も同じで、一つの目標をその目標の有する観点ごとにより多面的に理解することになります。

以上のような考えの下で、観点別評価を行う場合の目標設定の例を考えてみましょう。

たとえば、生活単元学習「バザーをしよう」では、目標として、「みんなで力を合わせてバザーを成功させる」という単元本来の目標が設定されます。これを観点別に目標設定すれば、「手順通りに製品を作る（知識・技能）」、「バザーまでの日数を見通して製品作りに取り組む（思考力・判断力・表現力等）」、「バザーのための活動に意欲的に取り組む（主体性）」などが設定できます。これら三つは観点ごとに異なる目標表記ですが、単元本来の目標である「みんなで力を合わせてバザーを成功させる」と本質的に一つです。このようにすることで、単元の目標をブレずに、しかもいっそう多面的に理解することができるようになります。当然評価も、ブレずに、しかもいっそう多面的に行うことができます。

しかし、ここで注意しなければいけないのは、観点別評価の意味を見誤るとかえって学習評価の精度を下げてしまうことがあり得るということです。観点別に目標を立てる場合、授業の目標とは別に、観点ごとにバラバラの目標を設定してしまっていることがあります。先ほどのバザーの例で言えば、「手指の巧緻性を高める（知識・

技能）」、「場面に応じた挨拶や報告ができる（思考力・判断力・表現力等）」、「わからないことは自分から教師に相談する（主体性）」などのように。これら一つひとつは、それぞれ重要な目標かもしれませんが、相互のつながりは読み取れませんし、なんといっても、「バザーをしよう」という単元でなくてもよいような目標ばかりです。こうなってしまいますと、目標はブレてバラバラです。観点別評価を導入する意義が真逆に作用していますので、注意が必要なのです。

②　三観点は知的障害教育に馴染む

新しい学習指導要領以前から多く使われている評価の観点は、いわゆる四観点といわれるもので、「関心・意欲・態度」「思考・判断・表現」「技能」「知識・理解」をもって構成されています。筆者の考えでは、知的障害教育はもちろんこの四観点にも対応できると考えますが、「育成を目指す資質・能力」の三つの柱や学力の三要素に基づく三観点のほうが、いっそう知的障害教育には馴染むと考えています。

なぜそう考えるかといいますと、四観点では「知識」と「技能」が異なる観点となっていますが、三観点ですと「知識・技能」というように一つの観点にまとまっているからです。そこに三観点が知的障害教育に馴染む理由があります。

知的障害教育教科は、生活の中での実際的な活用を前提として整理されている内容を多く含みます。それらの内容を評価する場合、「知っていること（知識）」は同時に、「できていること（技能）」によって評価されます。仮にテストや発表などで知識の習得を確認したとしても、それが生活の中で発揮されていなければ、知的障害教育としては不十分です。また、障害が重いと言われる子どもたちの場合は、知識の習得を行動的に把握することが多くなります。もちろん知的障害教育教科も技能とは別に、知識として評価できる内容や学習状況もありますが、多くが行動化された技能と一体的に評価されるものである以上、「知識」と「技能」は一つの観点に整理してある方が使い勝手がよいです。特に各教科等を合わせた指導を展開する場合は、活動を通しての姿で子どもの力の発揮や習得を評価しますので、その点でも「知識」と「技能」が一つの観点に整理されている方が評価しやすくなります。

③　知的障害教育の授業成果の普遍性を示す

観点別の評価を行うことで、知的障害教育の授業が、通常の教育と同じ観点で評価した場合も、成果をきっちり示すことができるということも、観点別評価の大きな利点です。

これまで、ともすれば知的障害教育は、通常の教育から見て「別のもの」と思われる側面が大きかったのではないでしょうか。通常の学級担任から特別支援学級担任になった先生方がもたれる戸惑いの多くも、そのような意識や現実に起因するものと思われます。

知的障害教育という教育分野が独立して存在している以上、それは他の分野に対して独自の部分があるのは当然です。これは一つ知的障害教育に限ったことではなく、小学校教育は中学校教育に対して独自の部分は当然ありますし、中学校教育も小学校教育に対して独自の部分を有しているのは当然です。知的障害教育の歴史的発展過程では、この独自性に過度に反応する向きが、支持するにしても批判するにしてもあったように思います。ただ、このようにリアルに考えれば、独自性は当然あってよいのです。今日的に言えば特色のある教育ということにもなります。

しかし、やはり独自性ばかりを強調していては、せっかくの知的障害教育の授業の成果が学校教育に普遍であるという側面に光が当たりにくくなります。「確かに子どもたちは生き生きしているけれど、あれは知的障害教育の授業だから」で、片付けられてしまってはもったいないことはいくらもあります。特に、新しい学習指導要領は、その理念も具体化も、知的障害教育と本質を同じくすることを明確に示していますので、知的障害教育の授業成果は、通常の教育と同じ観点から評価され、普遍化されてしかるべきです。

その点でも、観点別評価は有効です。

三観点は、授業づくりや授業改善のプロセスにおいても活用されますので、この点では授業の成果を普遍化するだけでなく、授業づくり・授業改善のプロセスも通常の教育に発信し、共有する機会を広げることもできるでしょう。

そして、知的障害教育も、当然のことながら、通常の教育で練られてきた「育成を目指す資質・能力」の三つの柱や学力の三要素の習得に大きな力を発揮することを、証明し、発信することができます。

④　各教科等を合わせた指導の精度を上げる

知的障害教育にかかわる者として、筆者は知的障害教育の授業づくり・授業改善には当然のごとく、胸を張りたいところではあります。しかし一方で、特に私たち知的障害教育関係者が自慢する各教科等を合わせた指導の授業で、観点どころか目標自体からもブレていることがあり、学習としての説明責任が問われるところでもあります。その点からも、観点別に学習評価をする意義は大きいと考えます。

特支現行指導要領では、以下の記述が見られます。

「知的障害者である児童又は生徒に対する教育を行う特別支援学校において、各教科の指導に当たっては、各教科（小学部においては各教科の各段階。以下この項において同じ。）に示す内容を基に、児童又は生徒の知的障害の状態や経験等に応じて、具体的に指導内容を設定するものとする。また、各教科、道徳、特別活動及び自立活動の全部又は一部を合わせて指導を行う場合には、各教科、道徳、特別活動及び自立活動に示す内容を基に、児童又は生徒の知的障害の状態や経験等に応じて、具体的に指導内容を設定するものとする」

前述のように、この記述は、特支新指導要領にも同趣旨で引き継がれています。求められていることは各教科等の内容を基に、「具体的に指導内容を設定する」ことです。裏を返せば、具体的に指導内容を設定していない実践があるということでしょうし、指導要領にまで書かれるということは、それが看過できない状況であると見ることもできます。つまり子ども一人ひとりにどんな姿を期待し（目標）、どんな活動（指導内容）を計画しているかについて、曖昧な実践が各教科等を合わせた指導には少なくないということであり、これは筆者の実践的な経験からもうなずけることです。

たとえば、単元「滑り台で遊ぼう」で、「みんなで滑り台で楽しく遊ぶ」という目標を設定した場合、結局単元期間中、終始怖がって滑り台に近づけない子がいたとしても、その子が「この単元で、『こわい』『いやです』と自分で意思表示できるようになったんです！」などと「成果」を強調される場合があります。その子がそれまで自分の意思をうまく人に伝えられなかった子であったとしたら、確かにその子にとってこれは喜ぶべきことでしょう。教師が喜ぶ気持ちもわかります。でも、単元の目標は「みんなで滑り台で楽しく遊ぶ」なのですから、授業としては失敗であったと総括すべきです。それなのに、ちょっと言葉はきつくなりますが、別のことにすり替えたり、感動を強調したりして、あたかも単元自体が成功したかのように総括するのはいかがなものでしょうか。

この例のように、単元の目標があるのならまだ良い方です。時には、朝の職員朝会のあとで、担任団で立ち話をしながら、「今日の生活単元何やる?」から始まって、「天気がいいから散歩でも行くか」「家庭科室にカップ麺が残っていたから、それでも作るか」のように、場当たりで行われることもないではない現状があります。

このような現状もある以上、目標や指導内容を全体の指導計画においても個別の指導計画においても、適確に定めていくことは、各教科等を合わせた指導のクオリティを維持し、向上させる上で必須となります。観点別に目標を設定し、評価を行うことで期待される効果は前述の通りですので、これらの問題解決のためにも、観点別評価の重要性は極めて大きいと言えます。

⑤ 観点別評価がリアルな授業改善につながるように

観点別評価は何のために行うのでしょうか。それは、ほかでもありません。子どもによりよい教育を行うためです。観点別評価を行った結果、子どもが望ましい成長・発達を遂げていくことが必然しなければなりません。「観点別評価を行ったので良い授業ができた」と言えなければなりません。間違っても、評価のための評価であってはならないのです。

その点、授業づくり・授業改善をリアルに捉えていく必要性が高いと筆者は考えます。

たとえば、「作業学習の授業で観点別評価を取り入れたら作業班の売り上げが伸びた」というようなリアルさが、観点別評価には必要だと思います。作業学習で売り上げが伸びるということは、それだけ良い製品がたくさん作られるということです。もちろん生徒たちは、良い製品をたくさん作る当事者ですから、生徒たちがより力を発揮し、もてる力を高めなければ、それらはかないません。しかもそれらの力は単なる知識・技能ではなく、主体性や仲間との協力などに根ざした、まさに「育成を目指す資質・能力」に他なりません。

ですから、「作業学習の授業で観点別評価を取り入れたら作業班の売り上げが伸びた」というリアルさが必要なのです。せっかく観点別評価をするのですから、リアルに適用していくべきと考えます。

⑥　観点別評価はあくまで授業の目標達成のためであることを忘れずに

観点別評価を行うことで、目標に即した多面的な評価が可能になります。授業評価やさらには後述する教育課程評価の質的な深まりが期待できます。しかし、観点別評価は、あくまで授業の目標に即して行われるものであることにも留意が必要です。評価の過程で、観点が一人歩きしないことが大切です。たとえば、三観点に即して授業評価を行った場合、ある観点にかかわる成果が少ない場合もあり得ます。その場合、直ちにその部分を補強するという対応が授業改善になるかは、いったん思案が必要です。どう思案するかといえば、根本の教育目標に立ち返ってみるのです。教育目標に即して見た場合、この観点にかかわる成果が少ないことは、むしろ当然ということであれば、安易な補強はかえって、教育目標のバランスを崩しかねません。

観点別評価によって得られた結果は、あくまで教育目標に立ち返って、その上で最終的な評価につなげるべきです。筆者は個人的には、三観点は、すべての学習内容に備わっているべきものと考えています。「これは知識・技能の内容、これは思考力・判断力・表現力等の内容」のように観点を内容に割り振るのには反対です。理由は、三観点はどこまでも三観点であって三種類ではないからです。どのような内容にも三観点から評価されるべきものを有していなければ、今日的な学力観には達していないと考えます。しかし、どの内容にも三観点で評価されるものがあるとしても、濃淡はあってよいと考えています。その濃淡は、この授業でどのような力を発揮してほしいかという授業の目標によって定まっていくと考えます。

3　子ども理解の深化

①　子ども理解もブレずに、多面的に

観点別評価を導入することで、子ども理解も目標に即して、ブレずに、多面的に行うことができます。子どもの姿はもとより、多様な視点で見ることができます。その子どもを一貫して理解していくためには、視点を定めることが必要で、その視点が授業の目標になります。これは、通常の教育ではごく当たり前のことです。国語の授業をするのであれば、国語の力を把握します。一般的な諸検査をいろいろしてもあまり意味がありません。国語の能力がどの程度あるのか、を見るでしょう。授業の目標に即して、視点を定めて子ども理解をするというのは当たり前です。

ところが、知的障害教育の場では、「実態把握から始める」という言い方がよくなされます。授業の目標を踏まえてなどと言えば、「トップダウンだ」「子どもから始めよう」などとお叱りを受けます。まったく白紙で先入観なく子どもを理解するというお気持ちはわからなくもないですが、そのようにすれば子ども理解は際限なく拡散していきます。子どもの姿は多面的であるからです。筆者の経験から言えば、「実態把握から始める」と言われる場合も、暗黙のうちにその人の価値観（発達重視であったり、系統性重視であったり、生活重視であったり）が前

提にされています。だからこそ、白紙で始めたはずの「実態把握」がすでに何らかの方向性を有した内容になっているのです。

であれば、そのような暗黙の、極めて私的な価値観ではなく、学習指導要領に即して、授業の価値観である目標に即して子ども理解を始めることの方が建設的です。

こうして、まずブレを是正します。加えて目標に即した子ども理解を観点別に行うことで、より多面的な子ども理解を深めることができます。授業の目標と観点に即した子ども理解は、同じ観点で計画された授業との馴染みもよいものとなります。

② 質的な評価で子ども理解を深める

知的障害教育では、伝統的に「生活に生きる」ことにこだわってきました。ですから、身についた力も、使える力になっているか、つまり「できた・できない」にこだわることが少なくなかったように思います。また、特に各教科等を合わせた指導は、従前から「活動主義」と揶揄される流れにある実践でしたので、「活動したか・しないか」にこだわってきたように思います。しかし、真の各教科等を合わせた指導の魅力は、その活動によって、生活が豊かになることであると、筆者は恩師から学んできました。その豊かさには確かな力の発揮も内包しつつ、精いっぱい取り組むことや満足感・成就感を分かち合うことなど、質的な側面を有するものと考えます。

この点、観点別評価を導入すれば、質的な成果も含めた多面的な評価が可能になります。評価の多面性は、生活の質的な豊かさにつながっていきます。

観点別評価を行うことで、もちろん力の発揮や習得といった量的な側面も押さえつつ、内面の育ちや生活の質の充実なども多面的に評価することが可能になります。この点では、評価を数値的に行うことの難しさを感じてきた知的障害教育の実践に、一定の共通理解を図ることを可能にするのが、観点別評価ではないでしょうか。

また、特に各教科等を合わせた指導では、「楽しかった・楽しくなかった」といったある意味では質的な面が、評価の指標となることもあります。「できた・できない」に比べれば、確かに子どもの内面にアプローチする評価ではありますが、筆者は「楽しさ」にも質の高さ・低さがあると考えています。先生方の熱演によるアトラクションのような生活単元学習を受け身的に楽しんでいるだけであれば、その楽しさは、授業として決して質の高いものではありません。筆者は、受け身的な楽しみ方を生活全般で否定するものではありません。夜や休日の家でくつろいでいる時間に、まったりと漫然とテレビなどを見ながら受け身的に楽しむことも生活を豊かにします し、この無駄な時間の浪費のような楽しみ方は筆者も大好きな時間です。しかし、少なくとも、生活単元学習等の各教科等を合わせた指導に取り組む時間帯、すなわち日中の最も良い活動時間であれば、主体的に活動する楽しさを大切にしたいと思います。その辺の楽しさの質も、観点別評価を行えば、精度高く捉えることができます。

③ 手立てに即して子どもを見る

観点別評価に限ったことではありませんが、子どもを理解する場合には一定の視点が必要です。前述の授業の目標を踏まえて子ども理解をしていくということがその点で重要になりますが、実際の授業場面では、子どもへの手立てに即して理解していくことも必要になります。各教科等を合わせた指導で子どもが発揮する力は、日常生活で発揮される力と連続体をなしています。ですから、その力の発揮や習得が、授業によるものなのか、授業以外の時間で培われたものなのか、直ちに判断がつきにくい場合があります。筆者も単元期間中に、お母さんが家でその活動をお子さんと一緒に一生懸命練習してくださっていたというような経験があります。授業時間中にできたからといって、それが授業成果であるかは必ずしも言えない場合があるのです。

しかし、教師が授業において講じた手立てによって子どもが示す変化なり姿なりは、教師の働きかけ（手立て）の結果であると認めることができます。それでも全く教師の手立ての成果と言い切れるかといえば、難しいとはいえ、授業の事実として手立てとその結果が対応しているのですから、確からしさは格段に高まります。

加えて言うならば、精度の高い学習評価をする場合は、手立てであれば何でもよいということでもありません。あくまで、授業の目標を踏まえた、授業の目標を達成するための手立てであることが必要です。そういう手立ての結果であるからこそ、授業の目標の成果として認めることができるのです。手立てにも、精度が求められるということです。この精度を目標に即した観点で把握すれば、いっそう多面的な手立ての把握ができます。

授業の目標を達成するための手立てに即して子どもの姿を把握していくことが、学習評価や子ども理解の精度を上げることになります。

④　自己評価のあり方

子ども理解にかかわっては、子ども自身の自己評価も盛んに行われています。学習成果をただ、「できた・できない」ではなく、内面への洞察も含めていくことから、自己評価は有用でしょうし、各教科等を合わせた指導が大切にしてきたやりがいや手応えというのも、自己評価の具現化と言えます。

現在の現場での自己評価の活発化は、さまざまな方法の開発を促しています。ワークシートを活用したり、ふり返りでの発表をしたり、子ども同士で相互評価をしたりとさまざまな方法が提案されています。

ただ、ここで注意したいのは、学校で繰り返し行われることは、多くの場合、子どものその後の生活様式や思考様式を決定づけてしまうということです。自己評価とは、実生活においても必ず行われます。その点で、授業で行う方法をどうするかということには十分な注意が必要です。率直に言えば、不自然な方法をとると、実生活中での評価も不自然なものになってしまうことがあり得るということです。

たとえば、授業でしばしば行われる○×式の自己評価。目に見える行動目標や、成否がはっきりしている学習目標などをこれで評価するのはあってよいでしょう。私たちも毎朝六時起床と決めていて、「昨日は○、今日は×」などと自己管理していることはあると思います。

しかし、自己の内面に関することや物事の価値に関することなど、多様な評価があってよいものを○×式で評価するのはいかがでしょうか。○×で図式化され、本人にも周囲にもわかりやすいということはありますが、図式化することで本当の姿（簡単には割り切れない）を捨象してしまうことはないでしょうか。また日常生活でいちいち○×で評価などしないものまで○×で評価するのもいただけません。これらは、結局、子どもの思考様式をみな○×式に狭め、固定化してしまうことになります。これは自己評価に限ったことではありませんが、便利であることやわかりやすいことなどを理由に、本質とずれた評価法を採用してはいけません。

特に、各教科等を合わせた指導は、生活に根ざした指導法です。実際的な生活の中で、実際的な力を身につけていくのですから、実際的でない方法での自己評価は馴染みません。

それぞれの活動の価値に即して、自然な方法で自己評価をしていくことが必要です。たとえば、遊びの指導では、思いっきり遊ぶ姿に価値がありますので、自己評価もそのような自分であれたかを評価できればと思います。評価方法もワークシートを使って、というよりは、遊び場の片付けをしながら、「今日も楽しかったね」「こんなことやってみたんだ」というような自然なやりとりでの自然な評価を大切にしたいと思います。

一方、教育とは価値を伝える営みでもあります。すべてを子どもの思考に委ねてよいとは、筆者は思いません。それぞれの学習活動で、あるべき価値（遊びであれば思いっきり遊ぶ、仕事であれば存分にしっかり働くなど）の評価規準を教師が伝えること、そのための自己評価をしやすいように、教師が、できる状況づくりをすることはあってよいと思います。しかしそのような方向づけや状況づくりが、子どもの自己評価のあり方に枠をはめてしまうことのないようにしたいものです。

あるべき姿を描きつつ、実際の活動で評価方法を押しつけず、むしろ、子ども自身の子どもなりの自己評価の姿（その子なりに手応えを感じている様子や表情など、さまざまあるでしょう）を認める教師の力量が必要です。

4 教育課程改善

学習評価は、ひいては教育課程改善にまで至ります。

学習評価の役割は、授業の目標に即して行う授業評価が第一義的なことです。そこで、目標に即して評価を行った結果、手立てを改善したり、場合によっては授業や子ども一人ひとりの目標を見直したりという作業を行います。こうすることで精度の高い授業改善や子ども理解の深化が図られていきます。

しかし、そもそも授業改善のレベルでは解消できない問題も時に明らかになります。授業時数や週日課表の見直し、さらには授業の年間計画の見直しなどです。より効果的な授業をするには、この授業時数では少ない、いや逆に間延びしてしまっているなどということも議論できます。週日課表を帯状に再構成した方がよいのではないか、あるいはこの時期ではなく別の時期にこの単元は実施した方がよかったのではないか、なども議論できます。さらには、そもそもこの授業をすべきであったのか、このような指導の形態が妥当であったのかということも議論の対象になり得ます。知的障害教育の歴史を考えれば、そもそも学校教育としてはごく常識的に、通常の教育と同様の系統的な教科学習を行っていた知的障害教育が、生活に根ざした各教科等を合わせた指導にシフトしたのも、実は授業評価の積み重ねによります。

今日、各教科等を合わせた指導に関する議論が賑やかです。だからこそ、その意義を「とは論・べき論」で机上の議論によって考えるよりも、子どもの姿、授業の事実から考えていくことが必要でしょう。そのために、教育目標「自立」、子ども主体の生活の実現という明確な教育目標に即した授業評価を、事実に即して丁寧に行っていくことが求められます。

すなわち、学習評価には、授業評価・改善の側面と、それらの授業のよって来るより大きな枠組みである教育課程評価・改善があるということです。学習評価の多元性と言うことができます。

Ⅴ

各教科等を合わせた指導と今日的な教育の課題

一　各教科等を合わせた指導とキャリア教育

1　各教科等を合わせた指導とキャリア教育の馴染みやすさ

教育目標「自立」の実現を目指して発展してきた各教科等を合わせた指導は、今日その重要性が指摘されるキャリア教育とも馴染みやすいものであると筆者は考えています。

二〇一一年一月三一日付け中央教育審議会答申「今後の学校におけるキャリア教育・職業教育の在り方について（答申）」（以下、「キャリア答申」）では、「キャリア教育」については、次のように規定されています。

「一人一人の社会的・職業的自立に向け、必要な基盤となる能力や態度を育てることを通して、キャリア発達を促す教育」

そして、「キャリア」については、次のように規定されています。

「人が、生涯の中で様々な役割を果たす過程で、自らの役割の価値や自分と役割との関係を見いだしていく連なりや積み重ね」

以上の規定に見られるように、キャリア教育もまた、教育目標「自立」を明確に掲げています。各教科等を合わせた指導とキャリア教育の馴染みやすさは、このような教育目標の共有に、最大の根拠を見いだすことができます。加えて、キャリア教育においても活動型の授業や社会に直結した授業が重視されることも、各教科等を合わせた指導との馴染みやすさにつながっています。

もちろん、各教科等を合わせた指導のみが、キャリア教育の最適な指導法であるわけではありません。しかし、各教科等を合わせた指導の充実が、キャリア教育の充実にも資するということを主張することもまた、知的障害教育の歴史的経過や実績から明らかです。

そこで、以下では、知的障害教育、とりわけ各教科等を合わせた指導とキャリア教育との関係を見ていきましょう。

2 キャリア教育と教育課程

我が国の知的障害教育現場に向けて、キャリア教育の意義を最初期に紹介したのは、全日本特別支援教育研究連盟理事長である松矢勝宏先生です。松矢先生は、その論考においてBrolinらの論に触れながら、「進路指導や就職相談に限定された短期的な将来課題のみに終始する進路指導に対する反省から、生徒の主体的な人生選択(「どう生きるか」)を援助する過程の重視がいわれています。子どもの現在の学校生活を充実・発展させ、卒業後のより豊かな生活に連続させる教育の過程が究明され、その過程と一体化した進路指導と卒業後指導のあり方が構築されなければならないといえます」と言われています(松矢勝宏「キャリア教育とガイダンス」全日本特殊教育研究連盟編集委員会編『教師のための福祉・就労ハンドブック—よりよい社会参加をめざして』一九八九年、日本文化科学社)。

ここで指摘されている、子どもの現在の学校生活の充実・発展と卒業後のより豊かな生活への連続という、長期的で包括的な教育の視点は、教育課程改善の視点をもってこそなされるものと言えます。知的障害教育は、授業実践の積み重ねの歴史の中でこの課題に向き合ってきました。

松矢先生も言及するBrolinらは、障害のある人を対象として、三つのカリキュラム領域（Curriculum Area）ごとに必要な能力（Competency）を対応させた体系的なキャリア教育の教育課程表を作成しています（Royd, R. J. & Brolin, D. E.(1997)：Life Centered Career Education Modified Curriculum for Individuals with Moderate Disablities. Council for Exceptional Children）。カリキュラム領域を設け、コンピテンシーとしての力を整理するカリキュラムの構造は、新しい学習指導要領の各教科の構造と（枠組みが教科ではありますが）似たものと言えます。

ところで、Brolinらの著作のタイトルに注目です。ここでは、キャリア教育のことを“Life Centered Career Education”と称しています。我が国の各教科等を合わせた指導の背景となる理論は、一般に生活中心教育論と言われてきました。英語では、“Life Centered Education”です。この点からも、各教科等を合わせた指導とキャリア教育の理念的な共通点が見えてきます。

話を戻しましょう。以上のように、知的障害教育においてキャリア教育を考える際には、単なる一授業や指導法の問題ではなく、教育課程全般を検討する視点が存在しています。教育課程の問題は、特に学校現場での授業実践に密接に関連していくものでもあり、キャリア教育を実践する上では重要な課題となります。

一方、知的障害教育課程は、戦後当初より職業教育との関連性が高く発展してきました。教育課程論とその具体化としての実践の変遷における歴史的蓄積は大きいものがあります。このことは今日、知的障害教育でキャリア教育を実践する際に、有益な知見を提供してくれることと考えます。

3　知的障害教育における職業教育

我が国の知的障害教育は、戦後当初より、生活に根ざした教育、いわゆる生活主義教育あるいは生活中心教育（おおざっぱですが、一九七〇年代前半までを生活主義教育、それ以降を生活中心教育と言うことが多いようです）という方向を指向し、実践の蓄積及び教育課程の整備が図られてきました。

この過程で、一九六〇年代前半までの知的障害教育では、生活主義教育の実践として職業教育が大きな位置を占めていました。

このことについて、戦後の知的障害教育のトップリーダーであられた三木安正先生は、「遅滞児教育の喫緊の課題は、彼等の生活の自立と職業生活への準備」であると言われています（三木安正編『精神遅滞児の生活教育』一九五一年、牧書店）。また、青年期の知的障害教育の場での職業教育と生活主義教育との関係性を以下のように述べています。

「彼等に対する職業教育ということはせんじつめて行けば生活教育になるわけであるが、その生活教育は彼等にとって最も現実度の高い生活の場において一番よく指導される。それではそういう生活の場はどこにあるかといえば、それはやはり職業生活の場だということになろう。堂々めぐりである。このことは、青年期に入ってからの彼等の教育の場は最も教育的によく配慮された職場か、職場化した学校が一番よいということになる」（三木安正「青年期の遅滞児教育」三木安正・中村與吉『遅れた子らを導いて』一九五二年、牧書店）

三木先生の言われる「最も教育的によく配慮された職場」は、今日の「産業現場等における実習」に、「職場化した学校」は「作業学習」に当たるものです。一九五〇年代前半期において、今日の作業学習や産業現場等における実習の原型が、すでに示されているのです。

この時期の知的障害教育の現場では、生活単元学習や作業学習といった方法を見いだし、実践を一気に活気づかせていました。教室を工場のように改造して作業学習に取り組んだり（「学校工場方式」と言われていました）、学習の場を一般企業の中に求めたり、アイデア豊富にいろいろな挑戦が行われていました。

これらの動向を総括し、小出進先生は、「この教育における生活主義教育は、職業教育との結びつきが強く、教育目標『社会自立』、『社会適応』は、『経済的自立』、『職場適応』に置き換えられて考えられることが多かった」（小出進「日本における生活中心教育の源流」一九九二年、発達障害研究、一三）と言われています。

一九六三年の制定指導要領では、教育目標について次のように述べられています（傍線は引用者によるものです）。

「養護学校における教育の一般目標は、要約すれば、精神薄弱の児童・生徒が、できるかぎり身辺の生活を確立・処理し、進んで集団生活に参加していくとともに、社会生活への理解を深め、しかも、経済生活および職業生活に適応していくための知識・技能を、かれらの知能の程度やその能力に即して身につけさせるということにつきる」

学習指導要領においても、制定当時から、職業教育ということが、教育目標のレベルから意識されていることが読み取れます。

以上の一九六〇年代前半期までのいわば知的障害教育課程成立期における動向から、キャリア教育に通じる独自の職業教育論を知ることができます。すなわち、知的障害教育においては、戦後の成立期から職業教育を、普通教育の分野で教育活動全般を通じて展開していたということです。

前述のキャリア答申では、職業教育を「一定又は特定の職業に従事するために必要な知識、技能、能力や態度を育てる教育」としています。この意味での職業教育は、一般に専門教育を中心に展開されるものです。しかし、知的障害教育の場合は、普通教育自体が、より普遍的な職業教育として機能することを意図していたものと言うことができます。知的障害教育において、職業教育が普通教育として捉えられた背景には、知的障害教育課程が当初より理論面での柱にしてきた生活主義教育の存在があります。実生活に即し、生活の自立を目指す生活主義教育のありようが、職業教育との馴染みやすさをもっていたのです。

ところで、今日のキャリア教育は、小学校等も含め、普通教育の場でも課題として重視されているのは、新しい学習指導要領でも明らかです。その点において、知的障害教育における職業教育論は、戦後の初めの頃からキャリア教育の視点を有するものと見ることができます。

キャリア答申では、キャリア教育と職業教育を区別して論じています。しかし、知的障害教育の場合、すでに見てきましたように、通常の教育における職業教育とは異なり、職業教育自体が普通教育としての実践の中で発展してきました。ですから、少なくとも知的障害教育においては、職業教育と今日のキャリア教育との異同を議論するよりも、両者の共通性に着目し、教育課程の改善及び授業実践の充実を図っていくことが現実的で生産的だと思います。

とりわけ知的障害教育実践は、戦後初期からの長い実践の蓄積があり、そこでの反省や成果をキャリア教育実践に活かしていくことは有効なことと思います。

そこで、以下では、知的障害教育実践及び教育課程論の歴史的動向から、今日のキャリア教育に役に立つであろうと考えることを述べます。

4　知的障害教育実践の反省から学ぶ

知的障害教育では、一九四八年にはすでに「校外実習方式」（現在の「産業現場等における実習」の原型）が実施され、一九五〇年代前半には「学校工場方式」（現在の作業学習の原型）が普及していくなど、子どもの実生活に即した教育活動が精力的に展開されてきました。

しかし、このような動向に対して、一九六〇年代には、働くこと一辺倒でよいのか、もっと豊かな学びが必要ではないか、というような批判的な意見がさまざまな立場から示されるようになります。

これらの批判的な意見は、知的障害教育における職業教育が、将来における職業自立を強く意識した結果、特定の技能や態度の訓練に特化され、普通教育としての普遍性や教育内容の多様性を失っていたことを指すものでした。職業教育一辺倒が、結果的に職業教育が本来有する豊かさをそぎ落として、訓練化していったのです。

もとより、知的障害教育における職業教育、ひいては知的障害教育課程は、将来の自立を指向して成立したものです。しかしながら、初期の実践においては、生活単元学習や作業学習で、子どもも教師も生き生きと活動する姿が、高く評価されていました。時代を超えて、子どもと教師が共に生き生きと活動する学校生活の価値は認められていたのです。

これに対し、一九六〇年代では、職業教育が限定的で受け身的な職業訓練に矮小化されてしまったのでした。生き生きと取り組む生活単元学習や作業学習が、厳しい受け身的な訓練の場になってしまったことは残念なことです。

筆者は生活単元学習や作業学習が大好きですが、これまで何人となく生活単元学習や作業学習がきらい、という先生方にお会いしてきました。きらいな理由はそれぞれですが、一九六〇年代から一九七〇年代くらいに初任時代を過ごされてきたベテランの先生方の何人かは、「生活単元学習で子どもが厳しく訓練されていた」というようなことを話されます。夢をもって教師になったのに、現場で子どもたちを苦しめる授業を目の当たりにしたとしたら、どんなに心を痛めたことでしょうか。それがきっかけになって生活単元学習がきらいになったという先生方を、著者は批判する気にはなれませんでした。

このように、いわば訓練化した職業教育に対する批判・反省的動向として、一九六〇年代後半には自立に代わる広範な教育目標である「全面発達」、一九七〇年代には教育目標としての自立を子どもの現在の生活における主体性に着目して見直す「子ども主体の学校生活づくり」などが提唱されるようになります。

今日、キャリア教育の実践過程で、キャリア発達のために必要な能力がさまざまな形で整理され、提案されています。このような提案は、Brolinらの仕事と重なるもので、キャリア教育にふさわしい教育内容を明らかにするという点でもあってよいことと思います。

しかしだからといって、それらの能力を指導することを最優先してのキャリア教育には注意が必要です。個々の能力の習得に学習活動が集約される場合、一九六〇年代の矮小化された職業教育と同様の実践になってしまうことが懸念されるからです。そうならないために、教育課程全体の中でキャリア教育を理解していくことが重要です。知的障害教育における職業教育が偏狭化した技能訓練ではなく、本来は普通教育として捉えられてきたことを踏まえることが今日においても重要なのです。

また、教育目標である自立を、特定の技能や態度の習得に重点を置いて理解するのではなく、障害の軽重や多様性に対応できるように、子どもの主体性に着目して理解していくことも求められます。

5　知的障害教育実践の成果から学ぶ

①　生活年齢を踏まえた教育内容

特支新指導要領には、知的障害教育教科が小学部三段階、中学部二段階、高等部二段階の計七段階で示されています。この各教科は、一九五〇年代後半期において、知的障害教育課程研究の場で、子どもの生活の実態に視点を据え、知能年齢ばかりでなく生活年齢に対する配慮をして作成された一連の教育課程案を基盤としています。もちろん知的障害教育教科も知的発達の段階を踏まえていますから、通常の教育における教科学習に重なる知的能力の系統性を踏まえています。その上で、生活年齢に即した教育内容を組織したものと言えます。

キャリア教育では、ライフキャリアが重視されます。その観点からも、それぞれのライフステージにおける固有の教育内容が重要となるわけですが、知的障害教育における教科は、知的能力のみでなく生活年齢を踏まえた内容であることから、ライフステージに即した教育内容を選択することを可能にしています。

単に知的発達の段階だけを基準に内容を整理するのではなく、子どもの生活年齢を大切にしているのです。つまり知的発達の段階が仮に同じであっても小学部一年生の子どもと高等部三年生の生徒では、教えるべき内容が違っていなければいけないのです。なぜ違わなければいけないのかといえば、それぞれの生活年齢において背景となる社会のありようが異なるからです。思いっきり遊ぶ生活が大事な小学部一年生と社会に巣立とうとしている高等部三年生では、背景となる社会が異なるのです。

ですから、各教科等を合わせた指導を行う場合も、小学部低学年では遊びの指導や遊びをテーマにした生活単元学習が中心となり、高学年になるにつれ、ものづくりや働く生活単元学習や作業学習が中心となり、高等部では作業学習が中心となるというように、生活年齢に即してゆるやかに活動内容の中心がシフトしていくのです。

生活年齢の大切さはこれまでも知的障害教育の学習指導要領等では述べられてきましたが、特支新指導要領では、そのことがさらに強調されています。たいへん喜ばしいことです。生活年齢に応じた教育は、ライフステージに応じた教育と本質的に同じものと見ることができます。キャリア教育が主張してきたことが、知的障害教育が大切にしてきたことと重なっているのです。

さらに、生活年齢を踏まえた教育という場合、内容だけでなく、その指導法にも配慮が必要です。生活年齢の異なる児童生徒に知的能力の上で同一の教育内容を指導する場合、それぞれの生活年齢を踏まえた指導法が必要です。たとえば、高等部生徒に対して幼児教材をそのまま使用することは基本的にＮＧです。

②「学校生活の設計で大切にしたい三原則」に学ぶ

筆者の恩師である小出進先生は、「学校生活の設計で大切にしたい三原則」として「第一の原則は、子どもが求め、必要とする生活にするということ」「第二の原則は、九年間ないしは十二年間の学校生活を充実・発展させて、卒業後の望ましい生活に自然につながるようにするということ」「第三の原則は、子どもが自立的に取り組める生活にするということ」の三つの原則を提案しています（小出進『講座　生活中心教育の方法』一九九三年、学習研究社)。

第一原則では、すでに述べてきましたように、かつての訓練的指導により子どもにとって受け身的で限定的な授業が展開されたことを踏まえたものであり、現在の学校生活を子どもが求め必要とする生活にすることを述べています。その上で、第二原則では、そのような現在の生活が、ただ現在の生活としての充足で終わるのではなく、将来の生活に自然につながるように計画される必要があることを述べています。子どもが求め必要とする生活は現在の生活の中で多様に考えられる場合、そのどれを採用してもよいのではなく、将来の生活に自然につながる、あるいは発展していくものを採用することになります。このことは、各ライフステージの充足を図りつつ、キャリア形成をしていくキャリア教育の主張と重なるものと考えられます。こうして定まった活動に自立的に取り組めるようにするのが第三原則です。

キャリア教育における教育課程編成を考える上で、以上の三原則は、今日なお、示唆に富むものであると、筆者は考えます。三つの原則を踏まえ、教育課程編成をすることで、ライフステージにふさわしい学校生活をつくることができます。

6 今の生活の充実・発展

以上、我が国における知的障害教育課程論とそれに基づいて発展してきた各教科等を合わせた指導の実践動向を歴史的に概観しながら、今日におけるキャリア教育と知的障害教育課程のあり方について考えてきました。

我が国の知的障害教育が、戦後当初よりの成立期において、生活主義教育を基盤とし、普通教育としての職業教育という独自の教育姿勢をとりつつ、教育課程を編成し、実践を蓄積してきました。その過程で陥った誤りや得られた知見は、今日のキャリア教育を踏まえた教育課程や実践を考えていく上で、とても示唆に富むものと考えます。

今日、学校で行われているキャリア教育の展開には、職業指導的な実践に傾斜した誤解に基づくものがあります。キャリア教育にはワークキャリアへの対応の側面もあり、職業指導的な実践を直ちに批判するものではありません。しかし、職業指導に思いを向けるあまり、かつて知的障害教育が一九六〇年代を中心に陥った訓練的な実践動向に通じることが懸念されます。

そうならないように、キャリア教育がライフステージ全般にわたり、障害の軽重や種類にかかわらず、社会の中で自らのやりがいや生きがいをもって日々を充足し、豊かに生活していくことを積み重ねる教育であることを理解することが重要です。教育目標である自立を明確にし、その具体化を部分的な能力習得の教育に特化されない、トータルな教育課程編成によって実現していくことが求められます。

そのために、知的障害教育教科の成り立ちや各教科等を合わせた指導の考え方などを正しく理解し、子どもの今の生活の充実・発展を図り、望ましい将来へと発展する授業づくりをしていくことが大切です。

二　社会の変化と各教科等を合わせた指導
～作業学習を例に～

1　社会の変化をどう受け止めるか

「生活単元学習はもう古い」「木工作業をやっても新しい職種に就職できるのか」等々、各教科等を合わせた指導への時代の風当たりは時として厳しいものがあります。実はこのような声は、筆者が養護学校（当時）に勤めた三〇年程前からすでに言われていました。三〇年前だって今から見ればもう昔ですので、各教科等を合わせた指導は、昔から時代遅れと言われてきたわけです。だとすれば、今や、「超時代遅れ」とでも言いましょうか。

各教科等を合わせた指導が戦後初期より実践されてきた伝統的な指導の形態であるがゆえに、時代の変化のはっきり見える節目ごとに、「古い」と言われるのはやむないことです。ちなみに筆者が現場に出た三〇年ほど前、つまり一九八〇年代は、障害の重度化・多様化等への対応として、海外から新しい理論に基づく新しい指導技法がたくさん紹介された賑やかな時代でした。そのような時代の気分の中で、各教科等を合わせた指導は、現場教師の目には古くさいものと映ったのかもしれません。

各教科等を合わせた指導が古いと見られるのには、各教科等を合わせた指導を愛する教師側の問題もあるように思います。筆者もその一人のわけですが、ついついノスタルジックな授業パターンに固執してしまい、新しい時代に乗り切れないこともあるかと思います（これについては後述します）。

しかし、考えてみれば、各教科等を合わせた指導は、子どもの生活に根ざした教育なのですから、絶えず変化する子どもをとりまく生活や社会のありように敏感であってこそ、生きた学習ができるものです。教師に時代を敏感に感じる高いアンテナ、柔らかな感性が求められます。生活や社会のありようには、絶えず変化する側面もあれば、変わらない側面もあります。そのいずれもを感じ、授業づくりをしていくことは、各教科等を合わせた指導に取り組む教師の責務です。

そのようなことを、以下では作業学習を例に考えてみます。

2　作業学習が変わらずに大切にすること

①　働く活動を中心にした学習

作業学習は、中学校特別支援学級、特別支援学校中学部・高等部で、大きく位置づけられます。前述の「学校工場方式」のような形で、戦後の初期から実践されてきた各教科等を合わせた指導の代表的な指導の形態です。各教科等を合わせた指導の中でも老舗ですから、「古い」と思われることもしばしばです。

しかし、作業学習が大切にするものは、時代の中でも変わりません。作業学習の大きな特徴は、働く活動を中心にした学習であるということが言えます。働く活動を中心として、自立した生活の実現を図ることを目標とします。ここは変わらないところです。

さて、作業学習は、ただ単に、ものづくりや働くことに従事していればよいというわけではありません。一九六六年に刊行された養護学校学習指導要領解説では、作業学習を「作業を中心とした学習」と称していました。以降の学習指導要領解説で「作業学習」とされましたが、当初において、「作業を中心とした学習」という名称とされたのは、単に働くことだけでなく、それを中心に豊かな内容を含み込む学習であることを強調したいがためでした。

作業学習は、実社会における学校卒業後の職業生活をモデルとして展開されます。この点から、作業学習において働く活動を中心にする、ということをさらに詳しく読み解くと、「労働性」「継続性」の二点から考えることができます。

② 高い労働性

学校卒業後の職業生活は、日中の多くの時間をそれに当て、働く活動に従事します。そこで、作業学習でも、学校生活の中で、可能な限り高い労働性の実現を図ります。週日課表の中に、作業学習の時間を多く確保することもその方途の一つです。

学校には働く活動がいくつかあります。たとえば毎日行われる清掃活動は働く活動ではありますが、一日の生活の中で占める活動時間が短いです。そのため、労働性が高いとは言えません。したがって、作業学習とは言いません。

高い労働性には、働く活動内容の質も反映します。従来、作業学習では製品製作と販売、という流れが多く取られてきました。販売をすることで、製品には当然それだけの質が求められるものです。質の高い製品を作るということに、働く活動への緊張感ややりがいが生まれるのです。また販売も校内の教職員や保護者を対象とするのではなく、努めて一般のお客様に広く販売をしていきます。そうすることで、働く活動にはいっそうの緊張感が生まれますが、そのような、いわば本物の緊張感があることにこそ、労働性の質の高さが担保されます。後述するように、今の時代を正しく把握すれば、製品作りだけが作業学習ではないのですが、製品作りが高い労働性に直結するのは、これまでの作業学習が証明してきたことであり、同様の成果は、時代に即した新しい作業種を取り入れた場合にもあってしかるべきです。労働性を確かにしていくためには、どのような作業展開をする場合でも、実社会の中での活動を基本とすることが重要です。この辺も、作業学習の変わらない価値です。

作業学習の時間で、練習が長く続いたり、「プレゼント作り」が単元とされたりする場合がありますが、労働性という点では不十分です。

練習ということについて言えば、実社会の職業生活においても、その仕事への練習が行われることはありますが、就業時間に多くを割いて行われることは少ないでしょう。練習に時間を割くより、今の力で実際的な働く活動に従事できるようにしています。作業学習でも同様で、「できる状況づくり」に努めて、なるべく早い段階で実際の活動に参加できるようにします。

「プレゼント作り」は、それ自体を否定するものではありませんが、作業学習の単元としては不適切です。この種の単元は、生活単元学習として展開する方がよいでしょう。

このような現実的に労働性の質を判断することも、教師が社会に敏感でなければ、なかなか難しいことになります。

③　働く活動の継続性

作業学習の働く活動が有しているべき活動の継続性もまた、実社会での職業生活がモデルです。ここでも教師のセンスが問われます。

今日、社会における職業生活のスタイルは多様化しています。しかしながら、就労に当たっては、できるだけ継続できる職場を求めることになります。職業生活においては、一定の業務に一日のうちの多くの時間を当て、さらに一週間の多くの時間を当てます。このように継続性のある職業生活が作業学習のモデルです。

学期末の大掃除等は、労働性という点では決して低いものではありません。しっかりやればくたくたになります。しかし、期間限定（長くても数日）であることから、継続性は認めがたいものです。そこで、これらの活動は作業学習とは言いません。

一方、学期末の大掃除さながらの高い労働性を維持しつつこれを継続している場合があります。昨今、作業学習の新しい作業種として多く見られるようになっているビルクリーニング等の活動がそれです。これは高い労働性に加え、継続性を有していることから、作業学習としても質の高い取り組みになります。

また、本格的なものづくりに取り組む生活単元学習の授業に対して、「これは作業学習ではないのか」という問いが発せられることがあります。この種の生活単元学習が有する高い労働性を評価してくださっているからこその問いかけですが、生活単元学習も期間限定の取り組みであり、継続性という点では作業学習と明確に区別されます。

作業学習における働く活動の継続性を担保するためには、年間計画において、作業学習を継続していくことが必要です。中学部における作業学習は、時に生活単元学習と時期を交互に実施されることがあります。この場合、年間の一時期は作業学習が中断されますが、なるべく年間を通じて行われるようにした工夫と言えます。

せっかく年間を通じて作業学習を行えるように計画していながら、「一学期は木工、二学期は農耕、三学期は縫製」のように作業種を変えていくことがあります。これは多様な作業経験を、という意図ですが、これでは一定の活動を継続する実社会の働く活動とは乖離してしまいます。最低でも、学校生活の一つのサイクルである四月から翌三月までの一年間は一定の作業に従事できるようにします。そうすれば、継続性が確保できると共に、一般の会社で働くように、作業班等の作業グループへの帰属意識や自らの仕事に対するプライドなども養えます。この点でより本格的な、本物の仕事ができるようになるのです。働くグループへの帰属意識や仕事へのプライドは、本物の働く活動が有する高い労働性ならではのものでもあります。つまり、継続性の徹底は自ずと労働性の徹底にも通じると言えます。

社会で働くことで当たり前の継続性を作業学習でも、というごくごく常識的な判断なのですが、学校現場ではなかなか共通理解が図れないこともあります。教師の社会に対するセンスが問われるところです。

ところが！です。昨今の就業形態の多様化の中では、一定の仕事に継続的に取り組むというのは、必ずしも唯一の望ましい就業形態とは言いにくくなっています。パート雇用、フレックス、テレワーク、フリーランス、兼業など、さまざまな就業形態があり、働く社会を構成しています。このような時代状況の中で、作業学習が目指す働く生活をどのように考えるかは、教師側の大きなチャレンジです。

筆者は、多様な働きを批判的に排除しないという姿勢を前提に、やはり作業学習では一定の仕事に継続的に取り組むことを基盤としていくことが望ましいと考えています。その上で、たとえば訪問教育を受けている生徒が作業班に所属し、短時間でも在宅で作業工程の一部を担当したり、テレビ通話機能を使って遠隔でも学校の生徒と共に働いたりするなどの展開を積極的に取り入れていくことはあってよいと思います。これはすでに社会で広がりつつあるテレワーク等の就業形態に通じるものです。

3　社会を見据えた「できる状況づくり」

①　どの生徒にも「できる状況づくり」を

作業学習は、各教科等を合わせた指導の中でも、生活単元学習と並ぶ伝統的な指導の形態であるだけに、長い実践伝統の中で、大きな過ちも犯してきました。

特に、前述のように一九六〇年代を中心とした時期には、将来の職業自立を願うあまり、ひたすら生徒に働く力を教え込む、作業学習版「詰め込み教育」とも言える実践が行われたことがありました。会社で働くために必要な力ということで、「黙々と働けなければダメ」「長時間立っていられなければダメ」「単純作業を飽きずに繰り返せなければダメ」という具合に、受け身的な訓練が繰り返されました。働く喜びや、やりがい・手応えは脇に追いやられ、ひたすら受け身的な訓練が繰り返されました。

でも、学校卒業後の、真に豊かな働く生活を願うのであれば、働く喜び、やりがい・手応えは不可欠のはずです。そこで、そのことが反省され、一九七〇年代に入ると、生徒主体の作業学習が追究されるようになりました。生徒一人ひとりが生き生きと働けるために、「できる状況づくり」の大切さが認識されたのです。

作業学習での「できる状況づくり」には、概ね次のようなものがありますが、このことを今日の社会状況を踏まえて考えてみます。

② 作業種の選定

作業学習でどのような作業種に取り組むのかは大事な「できる状況づくり」です。生徒にとってやりがいや手応えを感じられる作業種であるか。安全で健康的な作業種であるか。作業学習に取り組む生徒一人ひとりを思い描いて作業種は選定されます。作業種のバリエーションが多ければ、それだけ生徒に合った作業種を用意しやすくなります。

ところが実際には、作業学習は伝統的な指導の形態であるため、ともすれば伝統的な実践スタイルに固執しがちです。木工班、縫製班、農耕班といった慣れ親しんだ作業種にこだわり、ビルクリーニングや喫茶などの新しい作業種に対して抵抗を感じる向きがないでもありません。

しかし、作業学習が実社会での職業生活にモデルをもつ以上、社会の発展の中で新たに生徒たちの進路先として開かれてきた職種や社会の中で新たに生まれた職種を、新しい作業種として開拓していくことに臆病であってはならないと筆者は考えます。伝統的な作業種でも、現代社会のニーズに合った製品開発に心がけることが大切です。

一方で、「木工や縫製をやっても、生徒の進路は、他の職種である。時代遅れの作業は止めて、進路先につながる作業を」という声も聞きます。ビルクリーニングや喫茶がそのような動機で、今の時代に合った作業として行われることもあります。しかし、これは作業学習への認識の本質的な誤りです。特定の職種への進路決定のためであるならば、そのための専門教育の場や方法もあるでしょう。

作業学習はより普遍的な働く力を養う全人教育であることを忘れてはなりません。新しい作業種を求めることに積極的であってしかるべきですが、作業学習の本質を見失ってはいけないのです。

③　活動の分担

作業学習の中で展開される作業活動をどのように分担するか、も大事な「できる状況づくり」です。ものづくりの作業学習では工程を分業にすれば、それぞれの生徒の得意なことに合わせて仕事を分担しやすくなります。工程の分業が難しい作業種では、担当する製品を個別化することで分業が成り立ちます。これらは、作業学習が培ってきた「生徒に合わせた作業学習」の知見です。この知見を、ビルクリーニングや喫茶など、ものづくり以外の新しい作業種であっても、その作業種の特徴に合わせて適用していくことができます。ビルクリーニング等でも役割を分担することで、生徒一人ひとりの力の発揮を支援できます。

④　道具・補助具等の工夫

生徒一人ひとりが活躍できるように、道具や補助具等を個別化します。そうすることでいっそう力の発揮が図れます。「実際の会社には補助具はない」と、なるべく既存の道具で働くことを求める（この場合、前述の訓練的作業学習に近づくリスクがあります）場合があります。しかし、たとえば町工場等は、工夫を凝らした補助具があふれています。教師の社会を見る目を養う必要がある部分です。筆者は町工場のせがれですが、教師の間に町工場に対する偏見がいろいろあるのが気になります。補助具はないというのもその一つですが、最近は小説やテレビドラマで町工場のものづくりを取り上げてくれているので、その辺の偏見も少なくなっていくのではと期待しています。

ものづくりの道具は今日、日進月歩です。その状況にアンテナを高くしておくことも必要です。しかし、作業学習がもっている昔ながらの手仕事というイメージが、このアンテナを低くする原因になっていることもあります。「機械を使うよりも手作業」というような意見は、筆者が作業学習を担当していた二〇年程前の現場にもありましたが、社会の技術の進歩にも教師は敏感でありたいのです。ＩＣＴを積極的に活用した作業展開、ＳＮＳを活用した販売活動など、これまでには実現できなかった面白い作業学習を展開できるかもしれません。「作業学習には手作りの良さがある」という意見も気になります。もちろんその良さを強みにする作業学習があってよいのですが、それ以外の、たとえば学校で作ったとは思えないような精密な製品が作られてもよいでしょう。

⑤　共に活動しながらの支援

教師は共に働く活動に取り組みながら、共に働く仲間である生徒と共感し、適切な声かけや手助けを行います。こうすることで、いっそう生徒主体の作業になります。思いを共にし、活動を共にすることは、まさに共生社会の理念に応える姿です。

ところが、せっかく時代は共生社会を高らかにうたっているのに、「ひとりでできなければ自立ではない」というような考えも未だに耳にします。それもしばしば耳にします。真の自立とは、社会の中で支え合うことによって実現します。「誰かがいてくれるから頑張れる」――このような思いが本当の自立の姿ではないでしょうか。生徒にとってのその「誰か」の中に、我々教師も加えてもらえたらうれしいことです。共感的な支え合う関係にある教師は、単なる補助者や傍観者ではなく、工程の中できちんと役割と活動量を担う、文字通りの同僚であるべきです。教育目標「自立」のあり方はすでに述べました。ここでも教師の意識変革が求められます。

4　生徒が作業学習を運営するということ

作業学習は、働く活動を中心にした学習であると述べました。作業学習ではメインとなる働く活動は重要ですが、作業学習の唯一の構成要素ではありません。メインの働く活動を中心としながら、原材料の購入や宣伝、納品、会計処理などの活動にも、なるべく生徒たちが取り組めるようにします。

これらの活動の多くは、教師が放課後に授業準備として行っているものです。だから、これらの活動を生徒の活動とするためには、教師が放課後に行っている授業準備の活動を洗い出せばよいのです。それらをさらに、生徒ができるようにするにはどうしたらよいかを考える、すなわち「できる状況づくり」を行うのです。

これらの努力は、戦後初期の「学校工場方式」と言われていた頃から精力的に行われてきました。筆者も作業学習の中で会計担当の生徒を中心に、生徒たちが会計簿を見ながら、赤字にならないように頑張り、金銭感覚をたくましく身につけていく様を何度も見てきました。

しかし、最近では、作業学習の売り上げを、学校を設置する自治体が管理する例が見られます。そのため、売り上げで原材料や道具を購入するというような独立採算的な作業学習ができにくくなっています。これも学校という社会の変化ですし、学校教育における金銭の扱いの透明性を高める上ではやむを得ないことと筆者も思っています。

だからといって、このことを嘆き、作業学習での金銭の扱いをあきらめることはないと、筆者は考えています。売り上げを事務室で管理するのであれば、事務室に入金するための会計処理（これも多くは教師の仕事になっています）を会計担当の生徒が行えばよいのです。物品購入の必要がある場合、生徒が教師と共に書類を作成し、申請すればよいのです。時代状況の中で、金銭の扱い方が変わっても、それを本物の活動として生徒主体に展開していけばよいのです。

5　キャリア教育としての作業学習

①　コンピテンシーを豊かに養う

本気で働く活動に取り組んでいれば、生徒たちの中に、その活動により良く取り組みたいという欲が生まれます。そのための力を求めます。そうして求められる力こそが、コンピテンシーです。

昨今の作業学習では、一般的な意味での社会で必要な力は指導していても、それが本当にコンピテンシーたり得ていないことが懸念されます。報告能力が必要ということで、限られた作業時間内に頻繁に報告場面を設け、指導します。こうして確かに報告という動作は身につけられますが、実社会でそれが生きるかどうか、です。実社会では、報告よりも自分で判断してドンドン進めていく方がよい場面も少なくありません。実際に進路先の事業所から、報告が多いことを嘆く声を聞くこともあります。

これは、実社会と乖離した報告を指導しているためでもありますが、その作業学習が本気で本物の作業学習になっていないということに本質的な問題があると思います。生徒が本気で本物の作業学習に取り組めば、必然性と必要感のある報告場面で本物の報告を身につけられます。これこそが、時代が求める生きて活用できる力、コンピテンシーとしての報告です。

② キャリア教育としての作業学習

各教科等を合わせた指導とキャリア教育の関係についてはすでに述べました。各教科等を合わせた指導の中で、職業教育の有力な方法として実践されてきた作業学習は、キャリア教育といっそう密接にかかわります。それだけに注意すべきことも少なくありません。

キャリア教育でいう「キャリア」を「働くこと」に矮小化することは厳に慎まなければならないのですが、働くことの充実が、豊かなキャリア教育を実現することも事実です。したがって、作業学習では、働く活動の充実・発展に力を注ぎます。そのためにすべきことは、生徒一人ひとりが働く喜びをもち、やりがいと手応えのある作業学習に取り組めるようにすること。それは、質の高いキャリア教育であると言えます。

キャリア教育の落とし穴というべきものに、ワークキャリアへの傾斜があげれられます。その場合、働くために必要な力を育てなければということで、それらの力の指導・訓練に重点が置かれた作業学習になっていきます。これはかつての受け身的で訓練的な作業学習の再現を思わせます。前述の報告学習の不自然さも、ワークキャリアへの傾斜の一環と見ることができます。新しいことをしていると思っているのに、その実、古い時代の落とし穴に落ちてしまっているとしたら、なんとも皮肉なことです。

もとより作業学習は、というよりも作業学習こそは、ワークキャリアに集中した学習ということができます。

だからこそ、ワークキャリアに傾斜した過ちに陥りかねない危うさも伴っています。この過ちを回避し、真に質の高いキャリア教育として作業学習を展開するためには、ワークキャリアをライフキャリアの文脈の中に正しく位置づけていくことが必要です。

ライフキャリアに注目した場合、それぞれのライフステージには固有の生きがいが見いだされなければなりません。将来のワークキャリア形成のための準備として現在の働く活動を意味づけるのではなく、現在の働く活動自体にやりがいや手応えをもてるようにしなければなりません。ワークキャリアをしっかりと見つめ、かつそれをライフキャリアの中に正しく位置づけていくことが、作業学習が質の高いキャリア教育となるためには不可欠です。

6　全人教育としての作業学習

今日、知的障害教育においても多様な職業教育が展開されています。働く活動の展開も、作業学習だけでなく、専門教科における教科別の指導の質的充実が図られたり、デュアルシステムの導入による多様な働く学習が展開されたり、自由で大胆な発想で実践が生み出されています。それらは生徒たちの働く力が豊かに展開する新しい道を確かに開拓しています。それらの中にあってなお、作業学習が優れた教育の方法として確かな位置をもち続けていくためには、全人教育という作業学習の本質を忘れてはなりません。

実社会の中での本物の働く生活が有する豊かな教育力を信じること、教師もその価値に浸りきり、実社会の中で生徒と共に本気で働くこと、こういう営みの中に、確かな全人教育が実現します。

三　道徳教育と各教科等を合わせた指導

1　「特別の教科　道徳」とは何か

①　なぜ「特別の教科」なのか

二〇一三年、文部科学省に設置された「道徳教育の充実に関する懇談会」から「今後の道徳教育の改善・充実方策について（報告）～新しい時代を、人としてより良く生きる力を育てるために～」が出されました。その中に以下の記述があります。

「（前略）道徳教育の要である道徳の時間を、例えば、『特別の教科　道徳』（仮称）として新たに教育課程に位置付けることが適当と考える。道徳の時間を『特別の教科　道徳』（仮称）として位置付け、その目標・内容をより構造的で明確なものとするとともに、学校の教育活動全体を通じて行う道徳教育の要としての性格を強化し、それ以外の各教科等における指導との役割分担や連携の在り方等を改善することにより、これまで述べた道徳教育の改善・充実に向けた取組が一層円滑かつ効果的に進むことが期待される」

教科とすることによって、教育目標・内容の構造化をいっそう図ることや、他教科等との連携を進めることなどが意図されたようです。これらは道徳教育のいっそうの強化・推進を意味すると見てよいでしょう。

ここまで道徳教育が重視されるのは、そのもの自体の教育的価値の高さに加え、近年のいじめ等の教育病理の顕在化もしばしば指摘されています。子どもの道徳性への課題意識もさることながら、教師の不祥事も相次ぐ状況では、妥当な判断と言えましょう。

② 学習指導要領の記述

二〇一七年三月に公示された小学校学習指導要領では、「第1章　総則　第1　小学校教育の基本と教育課程の役割　1（2）」において、以下のように道徳教育について述べられています。

「（2）道徳教育や体験活動、多様な表現や鑑賞の活動等を通して、豊かな心や創造性の涵養を目指した教育の充実に努めること。

学校における道徳教育は、特別の教科である道徳（以下「道徳科」という）を要として学校の教育活動全体を通じて行うものであり、道徳科はもとより、各教科、外国語活動、総合的な学習の時間及び特別活動のそれぞれの特質に応じて、児童の発達の段階を考慮して、適切な指導を行うこと。

道徳教育は、教育基本法及び学校教育法に定められた教育の根本精神に基づき、自己の生き方を考え、主体的な判断の下に行動し、自立した人間として他者と共によりよく生きるための基盤となる道徳性を養うことを目標とすること。

道徳教育を進めるに当たっては、人間尊重の精神と生命に対する畏敬の念を家庭、学校、その他社会における具体的な生活の中に生かし、豊かな心をもち伝統と文化を尊重し、それらを育んできた我が国と郷土を愛し、個性豊かな文化の創造を図るとともに、平和で民主的な国家及び社会の形成者として、公共の精神を尊び、社会及び国家の発展に努め、他国を尊重し、国際社会の平和と発展や環境の保全に貢献し未来を拓く主体性のある日本人の育成に資することとなるよう特に留意すること」

加えて、「第1章　総則　第6　道徳教育に関する配慮事項」が規定されています。

なお、同様の記述は、中学校学習指導要領にもあります。

③「特別の教科　道徳」の目標

小学校学習指導要領（二〇一七年）では「特別の教科　道徳」の目標を「第1章総則の第1の2の（2）に示す道徳教育の目標に基づき、よりよく生きるための基盤となる道徳性を養うため、道徳的諸価値についての理解を基に、自己を見つめ、物事を多面的・多角的に考え、自己の生き方についての考えを深める学習を通して、道徳的な判断力、心情、実践意欲と態度を育てる」としています（中学校も一部文言が加わる等していますが同様）。

道徳性については、二〇一七年六月に文部科学省が公にした『小学校学習指導要領解説　特別の教科　道徳編』では、「道徳性とは、人間としてよりよく生きようとする人格的特性」とされています。

④「特別の教科　道徳」のポイント

上記に引用した学習指導要領総則の記述から「特別の教科　道徳」のいくつかの大事なポイントを見てみます。

もちろんすべてが大事なのですが、知的障害教育における「特別の教科　道徳」のありようを考える上で、特に、と思う部分を以下にあげます。

- 道徳教育は、学校の教育活動全体を通じて行うものであること
- 「特別の教科　道徳」は道徳教育の要となること
- 道徳教育では、子どもの発達の段階を考慮して、適切な指導を行うこと
- 道徳教育は、自己の生き方を考え、主体的な判断の下に行動し、自立した人間として他者と共によりよく生きるための基盤となる道徳性を養うことを目標とすること

これらのポイントは、知的障害教育における「特別の教科　道徳」を考える際に後ほど検討します。

⑤　知的障害教育における「特別の教科　道徳」

二〇一四年に中央教育審議会から出された「道徳に係る教育課程の改善等について（答申）」では、知的障害教育に関わる道徳教育のあり方として、以下のように述べられています。

「また、知的障害特別支援学級の児童生徒についても、障害の状態等に応じて、各教科等を合わせた指導の中で道徳教育を行うことが有効であるといった意見や、各教科等を合わせた指導を行う場合であっても、道徳教育を行っていることを教員が意識して指導に当たることが必要であるといった意見などがあった」

ここでは、知的障害教育が大切にしてきた各教科等を合わせた指導における道徳教育の価値の再確認及び、道徳教育がいっそう重視される中で、教師がそのことを意識すべきことが述べられていると考えられます。

知的障害教育では従前より、領域「道徳」は各教科等を合わせた指導において指導されてきました。これは、「特別の教科　道徳」となった後も変わりません。特別支援学校の新しい学習指導要領でも「道徳」が「道徳科」

（「特別の教科　道徳」）と改められたことの他、各教科等を合わせた指導を規定した記述には変更がないからです。

なお、一九六三年に初めて知的障害教育の学習指導要領が制定された段階では、今日言われる各教科等を合わせた指導では、道徳を合わせることが認められていませんでした。各教科等を合わせた指導が本来、生活そのものを指導するという趣旨の各教科等に分けない指導であることを考えれば、当然、道徳教育は主要な指導内容となりますが、この時点では、学校教育において領域「道徳」が新設された（一九五八年）直後であったことから、特設して指導する意義が強調されたものと思われます。その後の養護学校指導要領第一次改訂で、道徳も合わせる領域の一つとなり、文字通り各教科等の全部を合わせられるようになりました。これは今日でも同じです。

したがって、知的障害教育においては、各教科等を合わせた指導での道徳教育の効果が実践的に確認済みであり、その充実が今後の方向の一つと言うことができます。ただし、学校の判断で、各教科等を合わせた指導を設けないことももちろん可能で、その場合は、「特別の教科　道徳」を特設する必要があります。

特支新指導要領では、「第3章　特別の教科　道徳」において、次のように述べられています。

「知的障害者である児童又は生徒に対する教育を行う特別支援学校において、内容の指導に当たっては、個々の児童又は生徒の知的障害の状態、生活年齢、学習状況及び経験等に応じて、適切に指導の重点を定め、指導内容を具体化し、体験的な活動を取り入れるなどの工夫を行うこと」

この記述では、一人ひとりの子ども理解を正しく行い、目標・内容を定めて行うこと、体験的な活動を取り入れることが指示されています。体験的な活動はすべての教育活動で求められるところですが、各教科等を合わせた指導では、いっそうアクティブに展開することができます。また、生活年齢への言及も見られますが、これは道徳教育を考える上で極めて重要です。この点については後述します。

2 知的障害教育で道徳教育をどう実践するか

① 学校の教育活動全体を通じて行う道徳教育

道徳教育は、学校の教育活動全体を通じて行うことは、知的障害教育においても必須です。道徳性というのは、人間の内面にかかわるものですが、同時に他者の存在があって初めて成立するものでもあります。いずれも思弁的に考えると深そうな論点ですが、リアルに考えていけば、これらは生々しい生活の中で具体化されるものです。リアルに悩み、苦しむことでもあります。学校の教育活動も子どもにとっては生々しい生活です。教育とか学習という営みを、生活として捉え直していくことが、より質の高い道徳教育になると考えます。

この点、知的障害教育課程では、各教科等を合わせた指導を中心として、学習活動の実生活化を図っていますので、その努力の方向は、より質の高い道徳教育の充実と同一軸をなしていると見ることができます。教科別に指導を行う場合も、学習活動を生活化することが大切ですので、その点でも道徳教育の充実と同一軸の努力となります。

② 道徳教育の要としての「特別の教科　道徳」

学校の教育活動全体を通じて行うことが求められる道徳教育ですが、「特別の教科　道徳」は、その要とされます。このことに関して「補充・深化・統合」ということが言われています。

「補充・深化・統合」については、『小学校学習指導要領解説　特別の教科　道徳編』（二〇一七年）では、次のように述べられています。

「昭和33年に、小・中学校において、道徳の時間が設けられ、各教科等における道徳教育と密接な関連を図りながら、計画的、発展的な指導によってこれを補充、深化、統合し、児童に道徳的価値の自覚や生き方についての考えを深めさせ、道徳的実践力を育成するものとされてきた。こうした道徳の時間を要として学校の教育活動全体を通じて行うという道徳教育の基本的な考え方は、今後も引き継ぐべきである。一方で、道徳教育が期待される役割を十分に果たすことができるように改善を図ることが重要である」

「道徳科は、各教科、外国語活動、総合的な学習の時間及び特別活動など学校の教育活動全体を通じて行われる道徳教育の要としての役割を担っている。各教科等で行う道徳教育としては取り扱う機会が十分でない内容項目に関わる指導を補う補充や、児童や学校の実態等を踏まえて指導をより一層深める深化、内容項目の相互の関連を捉え直したり発展させたりする統合の役割を担っているのである」

「補充・深化・統合」の考え方は、通常の教育における従前の（特に一九五八年当時の）系統的な教科の内容を教科別に指導するという学校教育のスタイル（これがそのまま子どもの学校生活のスタイルになるわけですが）を前提にしていると考えられます。実生活の中で本来発揮される道徳性は、学校教育のスタイルの中では十分には養われないうらみがあります。その部分を「補充・深化・統合」する必要性は小さくありません。

それに対して、知的障害教育での各教科等を合わせた指導を中心とする学校生活は、実生活化を大切にしますので、本来の道徳性を生きた生活の文脈で発揮し、養いやすくします。こう考えれば、各教科等を合わせた指導を展開する限りにおいて「特別の教科　道徳」の特設は、これまでの領域「道徳」への対応と同様、必須ではないと思われます。

しかし、「特別の教科　道徳」を要とすることは、各教科等を合わせた指導を中心としていても決して軽視してはいけません。この場合、要という意味を質的に理解することが必要かと思います。つまり学習指導要領は主に目標及び内容を示していますので、「特別の教科　道徳」を時間割に特設するかという指導の形態の議論だけでなく、各教科等を合わせた指導を中心とした教育課程であっても「特別の教科　道徳」の目標や内容をきちんと踏まえ、道徳性の高い実践をしていくことが必要ですし、重要です。

もちろん、要として「特別の教科　道徳」を時間割に特設する選択肢もあると考えます。この方法は、一九六三年に知的障害教育の学習指導要領が制定されたときの考え方に通じますので、この教育の歴史の中で実績のある方法と言えます。

また、一般の日常生活においても、生活経験を通して道徳性を養うだけでなく、特別な時間に道徳や倫理にかかわる講話を聞いたり、書籍から学んだりすることを通して、道徳性を高めることはありますし、有用です。この部分は、「特別の教科　道徳」を時間割に特設する意義に直結します。

ただし、「特別の教科　道徳」に限らず、教科別に指導時間を設ける場合、障害が重いと言われる子どもにも対応できる柔軟な展開を心がけること、生活化を図ることなどが求められます。「カリキュラム・マネジメント」として各教科等を合わせた指導との関連づけも必要でしょう。

③　子どもの発達の段階を考慮した道徳教育

どんなに高い道徳性であっても、子どもが理解し、実践できなければ、その価値を十全に享受することはできません。

そこで知的な発達等の段階を踏まえた指導が必要になります。このことは、多様な発達の段階にある子どもが共に学ぶ知的障害教育の現場ではいっそう重要です。

この点で、知的障害教育教科は学習指導要領において段階別に内容を示していますが、「特別の教科　道徳」ではそれがないので、個別の指導計画を立案する際に、子どもの様子に即して内容を定めていく必要があります。

さらに、より重要なことは、生活年齢の重視です。通常の教育の場合は、知的発達等の段階と生活年齢は対応していますが、知的障害教育の場合、たとえば知的な発達の段階が同じ○歳台の小学部一年生と高等部三年生がいます。道徳性が社会的な概念であることを考えれば、生活年齢によって変化する子どもの生活のありようを踏まえた指導が求められます。具体的に例をあげるならば、知的な発達の段階が○歳台の高等部三年生の生徒の道徳教育は、青年らしい生活の文脈の中で行われてしかるべきです。

④　道徳教育の目標を達成する

道徳教育の目標には、「自己の生き方を考え」「主体的な判断の下に行動し」「自立した人間として」「他者と共によりよく生きる」ことが述べられています。

これらは、それぞれに固有の価値を有する概念であると考えられますが、生活のリアルの中では、一体的に理解していくことが必要です。

そして筆者は、これらの中核として、主体性をあげたいと思います。この主体性を核として以下、道徳教育の目標を考えます。

知的障害教育の授業では一九七〇年代より、子ども主体の生活が大切にされていますが、この主体性が、単に自発性や持続性といった行動面から理解されがちでした。これらの行動面の姿は、主体性を確認する大事な指標ではあります。しかし真の主体性は、行動面だけでなく、人の内面性をも含み込んでいるものです。その点で、「自己の生き方を考え」ることは、主体的である自己の内面を見つめる上で大切なことです。生き方が定まれば、それに向けて思いも行動も主体的になります。

教育目標「自立」はその本質に主体性を必然していますので、主体的であることが「自立した人間として」の姿であると見ることができます。

そして、「他者と共によりよく生きる」ことも、主体性と密接不可分です。知的障害教育の歴史――ひいては特別支援教育の歴史――は、子どもが学校教育に参加していく過程と見ることができます。学校教育への参加は、仲間と共にある生活への参加であり、学校教育の場への主体的な参加であります。仲間と共にあっても、主体的に活動できない状況では、本当の意味での生活として不足があります。主体的に活動できていても、仲間とのかかわりを得なければ、学校という社会生活としてはやはり不足があります。

仲間と共に主体的であることが一体的に理解され、実現していくことが必要です。そのためには、道徳性は必須です。人とかかわりながら、より主体的であるために求められるのが、道徳性であると言えます。

よりよく生活するためにはよりよい道徳性の発揮が不可欠であり、生活の中で、よりよく道徳性が発揮されることで、よりよい道徳性が養われるのです。知的障害教育でも通常の教育でも、このことを踏まえ、生き生きとした生活づくりをしていければと願います。

四　訪問教育における授業づくり
～子ども主体の生活づくりと主体的活動への支援～

1　障害が重いと言われる子どもと各教科等を合わせた指導

特支指導要領には、小学部から高等部までの学部で、「教員を派遣して教育を行う場合」、すなわち訪問教育が規定されています。家庭等を教師が訪問し、子どもの障害の状態に即して教育を行うものです。

多くの場合、障害が重いと言われる子どもが対象となります。指導の形態も自立活動の時間における指導が中心となります。

障害が重いと言われる子どもの場合、訪問教育に限らず、その障害への対応に力が注がれます。その結果、子どもの生活の質が脇に置かれてしまう実践もあります。

しかし、どんなに障害が重いとしても、誰もが意味のある、質の高い生活を営む権利があります。そのために、各教科等を合わせた指導は大きな力を発揮します。

特支指導要領には、障害が重いと言われる子どもへの教育的対応として、以下の規定があります。

「重複障害者のうち、障害の状態により特に必要がある場合には、各教科、道徳科、外国語活動若しくは特別活動の目標及び内容に関する事項の一部又は各教科、外国語活動若しくは総合的な学習の時間に替えて、自立活動を主として指導を行うことができるものとする」

したがって、自立活動を中心にして指導をする方法も有効な方法として広く認識されています。

しかし、各教科等を合わせた指導もまた、障害が重いと言われる子どもの教育として認められています。ここで、改めて学校教育法施行規則一三〇条二項を見てみましょう。

「特別支援学校の小学部、中学部又は高等部においては、知的障害者である児童若しくは生徒又は複数の種類の障害を併せ有する児童若しくは生徒を教育する場合において特に必要があるときは、各教科、道徳、外国語活動、特別活動及び自立活動の全部又は一部について、合わせて授業を行うことができる」

いかがでしょうか。対象として知的障害のある子どもがあげられていますが、併せて、「複数の種類の障害を併せ有する」つまり、障害が重いと言われる子どももあげられているのです。ですから、各教科等を合わせた指導もまた、訪問教育等の指導で大いに取り入れられてよいものですし、実際に成果を上げている実践報告もなされています。

すでに見てきましたように、各教科等を合わせた指導は、テーマのある本物の生活の中で活動することに強みがあります。その強みを、訪問教育においても発揮できればと思います。

2　テーマのある生活づくり

通学している子どもたちの生活づくり、授業づくりでは、当たり前のこと（当たり前であるべきこと）ですが、訪問教育でも、テーマのある生活づくりは極めて重要です。生活単元学習等の各教科等を合わせた指導でテーマに沿った生活を展開することはそのための有力な方法です。子ども主体の学校生活づくりをしている実践校では、訪問教育で長年にわたり、このことにこだわり、その結果、子どもたちの生活の質を確実に高めています。

ともすれば、訪問教育では、「生活」ということ自体が脇に追いやられ、訓練的な対応、治療的な対応に終始しがちです。しかし、これらの活動も、生活のテーマの中で展開可能ですし、テーマがあれば生活が整い、広がります。

訪問教育で、生活のテーマにこだわる実践は、今後もぜひ継続していくべき価値あるものと確信しています。訪問教育のテーマ設定では、家庭を生活の場とした学校教育という独自性から、いろいろな生活の視点でのテーマの設定が可能です。

- 個人生活の中でのテーマ
- 家庭生活の中でのテーマ
- 訪問教育の仲間での生活のテーマ
- 相当年齢の学部の仲間と共有するテーマ
- 学校生活全体の生活のテーマ

というように、時期ごとに多様なテーマ設定の視点があります。こう考えれば、訪問教育の生活づくりがますます魅力的になってきます。

訪問教育のテーマ設定で、もう一つ重要なのは、生活年齢への対応です。特に青年期に入った中学部・高等部年齢であれば、授業で使用する曲の選曲や道具等のデザインなども含め、若者らしさにこだわりたいものです。

訪問教育の場合、個々の活動に目を向けすぎると、それらは乳幼児の発達課題に対応するものが少なくなく、そのためついつい幼弱な対応になりがちですので、その点への配慮が必要です。

生活年齢への対応として、同世代の通学する子どもたちの生活のテーマを共有して取り組む単元は魅力的です。訪問教育の生徒も作業学習の作業班に所属し、家庭等で製品作りの一部を担えば、離れていても、お互いに思いを共にする、頼りになる仲間になります。テレビ電話等の進歩がめざましい今、遠隔であってもお互いの様子を見ながら活動することも可能になってきました。

3　障害が重いと言われる子どもの主体性

障害が極めて重くても、その子なりに生活の諸活動に取り組めることが大切です。そのために、活動を一人ひとりに合わせて最適化していくことが求められます。「する活動」は、可動域の限られたわずかな運動でも成立します。また、たとえば、音楽活動における「聴くこと」もまた主体的な生活活動として最適化できます。他に「触れること」「嗅ぐこと」「味わうこと」など五感のすべてに主体性の手がかりを見いだすことができます。

個々の活動を最適化すると同時に、生活の流れを最適化します。

子どもの主体性というときに、やはり障害が重いと言われる子どものことが話題になります。体をめいっぱい使って元気に活動する子どもの主体性はわかりやすいが、寝たきりのお子さんの場合はわかりにくいというものです。

これは主体性を、比較的障害が軽いと言われる子どもの姿に限定してイメージしてしまっているために生じる障壁です。ここで「主体性」という言葉がもつ既存のイメージにとらわれずに、障害が重いと言われる子どもの様子に素直に接してみるとどうなるでしょう。担任の先生であれば、いや特別支援教育に携わる教師であれば、その子のわずかな思いの表出や感情の動き、あるいは頑張りなどを、実はいつも感じ取っているのではないでしょうか。

それらこそが、障害の重いと言われる子どもの主体性に他ならないのです。その子なりの主体性を、その子なりに見取り、支援していくことが、地味ではありますが、確かな実践になります。ある子にとっては匂いを感じるのが主体性かもしれません。ある子には光を感じることかもしれません。ある子には振動を感じることかもしれません。ある子には言葉はわからないけれども、教師の言葉や動作に込められた優しさを感じることかもしれません。その子なりの主体性は、まさにその子なりです。

障害が重いと言われる子どもに主体性がないのではなく、私たち教師にそれを感じる感性があるかどうかが問われます。そしてその感性は、実は障害の軽重、ひいては障害の有無に関係なく、同じ重みづけで求められるものです。「障害が重いとわかりにくい」というのは、逆に言えば、「障害が軽ければ、あるいはなければわかる」ということにもなりますが、果たしてそうでしょうか。もしそうであれば、私たちは社会の中でこんなに人間関係で悩むことはありません。障害の軽重や有無にとらわれずに、その子の思いにいかに共感できるかが問われるところです。これはとても難しいことですが、子どもと共に生活している教師であれば、自覚していなくても必ずできていることがあるはずです。

たとえ障害が重いと言われても、その子なりに日々を享受する権利はあります。その権利を保障すること、つまりその子なりの主体的な姿、生き生きとした姿、心地よい思いなどを支援していくことが、障害が重いと言われる子どもの主体性実現の授業づくりと見てよいでしょう。

五　特別支援学級の教育と各教科等を合わせた指導

1　各教科等を合わせた指導の受け止め

文部科学省が公表している特別支援教育資料（平成二八年度）によれば、特別支援学級で学ぶ児童生徒は年々増加の一途をたどっています。このことは、特別支援教育への理解と信頼の深まりに基づくものと筆者は思っています。今後の教育のいっそうの充実が望まれるところです。

しかしながら、知的障害教育特別支援学級の先生方からは、時として各教科等を合わせた指導を実施する難しさが聞こえてきます。

「私たちは特別支援学級なので、特別支援学校のように各教科等を合わせた指導を大きく位置づけることは難しい」といった声も聞かれます。しかしながら、歴史的に見れば、生活単元学習も作業学習も当時は特殊学級と言われていた特別支援学級から始まり、特別支援学級で発展してきたものです。ですから、当然特別支援学級で各教科等を合わせた指導を行うにしても、その指導理念や方法は特別支援学校のそれと変わるものではありません。

しかし、現実的に考えておかなければならない課題は今日いくつかあるように思います。具体的に以下、筆者が考えたいのは、特別支援学級の教育課程のありよう、交流及び共同学習のありよう、通常の教育の教科学習との関係などです。

2 特別支援学級の教育課程

特別支援学級は小学校または中学校に設置されている学級ですから、教育課程を編成する場合は、知的障害のある子どもを教育する場合でも当該校の学習指導要領（小学校学習指導要領または中学校学習指導要領）に基づくことになります。

しかし、知的障害のある子どもに対しては、小学校や中学校の学習指導要領に基づく教育課程を編成・実施しても十分な効果は期待できません。そこで、学校教育法施行規則第一三八条に以下の規定が設けられています。「小学校若しくは中学校又は中等教育学校の前期課程における特別支援学級に係る教育課程については、特に必要がある場合は、（中略）特別の教育課程によることができる」

この規定により、特別支援学級では、小学校や中学校の学習指導要領のみによらずに教育課程を編成することができるようになっています。「特別の教育課程」という場合、具体的には特別支援学校学習指導要領に基づいて編成される教育課程を意味します。

知的障害のある子どもにとっては、特別支援学級であっても、特別支援学校学習指導要領に示された知的障害教育教科、すなわち生活の自立のために必要な教育内容を大切にして教育課程を編成することが不可欠となります。

知的障害教育教科を指導するのであれば、各教科等を合わせた指導は効果的な指導法として認識されてきましたし、すでに述べましたように、各教科等を合わせた指導は特別支援学級発祥ですので、特別支援学級でも大いに実践していかれればということになります。

余談ではありますが、各教科等を合わせた指導だけでなく、知的障害教育教科もまた、特別支援学級での教育課程研究の成果に源流を求めることができるのです（小出進『知的障害教育の本質―本人主体を支える　小出進著作選集』二〇一四年、ジアース教育新社）。

実際、現在でも各地の特別支援学級で、元気な各教科等を合わせた指導が展開されているのはうれしいことです。たとえば、全日本特別支援教育研究連盟が全国の特別支援教育実践の中から、毎年その年の優秀な教育実践一件を表彰する研究奨励賞の二〇一七年度の受賞は特別支援学級での生活単元学習でした（式地真「五〇〇個のゼリーを注文販売した小学校特別支援学級の実践～テイクアウト専門『ゼリーの店　ひまわり長岡店をよろしく』～」全日本特別支援教育研究連盟編『特別支援教育研究』七一一、二〇一六年、東洋館出版社）。

3　交流及び共同学習と各教科等を合わせた指導

①　教科交流と各教科等を合わせた指導の調和

インクルーシブ教育システム構築において、交流及び共同学習は有力な方法です。特別支援学級は、小学校または中学校に設置される学級ですので、校内の通常の学級との交流及び共同学習は実施しやすい条件を有しています。したがって、可能な限り交流及び共同学習を展開していくことが望まれます。

そのことと関係して、各教科等を合わせた指導にかかわる課題があります。

各教科等を合わせた指導を日課上、どのように位置づけるか、です。各教科等を合わせた指導を大きく位置づける場合、毎日のゴールデンタイム（午前一〇時〜一二時くらい）に位置づけ、生活の核（コア）とし、その日課を毎日繰り返し、週日課上帯状に配置する、いわゆる帯状の週日課による指導が有効です。

しかし、教科交流を積極的に行えば、ゴールデンタイムにも交流先の学級での授業時間が入ってきます。となりますと、子どもはゴールデンタイムであっても交流先の教科交流で各教科等を合わせた指導の時間を抜けて、交流学級に出かけていくことになります。つまり、一日の生活の核になるべきゴールデンタイムに各教科等を合わせた指導に存分に打ち込むことが難しくなるのです。これをもって、「できるだけ教科交流はしたくない」という声も聞かれないではないのですが、各教科等を合わせた指導がインクルーシブ教育システム構築の妨げになるとしたら、それはやはり不幸な事態です。そうならないための工夫が必要です。

その工夫の一つには、各学級で週日課表を計画する際に、交流先の学級になるべくゴールデンタイムでの交流教科の設定を避けてもらうよう、特別支援学級の週日課表との調整を行うことです。交流及び共同学習では特別支援学級の教師と通常の学級の教師との連携は不可欠ですので、この種の調整は当然あってよいでしょう。しかし、そうは言っても限界があります。

そこで、もう一つの工夫、これは工夫というよりも発想の転換というべきかもしれませんが、各教科等を合わせた指導自体を、子どもがいつ抜けてもよいし、いつ戻ってきてもよいような柔軟で自由な展開にしておくということです。

筆者はこの発想の転換をより推奨します。というのも、このように各教科等を合わせた指導を考える方が、よりリアルな生活になると思うからです。各教科等を合わせた指導は、子どもの実生活を学習活動の中心とした指導の形態です。実生活ですので、生活としてのリアルさが求められます。そう考えると、教科交流による子どもの出入りもそれほど気にならなくなるものです。というのも、我々の日常の仕事の中でも、人の出入りは実際にはあることです。社会生活をしていれば、勤務時間にも出張や来客対応などが入ることは最近は珍しいことではないかと思います。その場合、いったん仕事を外れます。用務が済めば仕事に戻ります。また、私用で時間休を取って中抜けすることもあります。そのような発想で、教科交流の出入りも考えてはどうでしょう。

そうすると自ずと各教科等を合わせた指導のイメージも定まってきます。活動が時間ごとに細分化されているよりは、一定の活動を繰り返している方が出入りはしやすくなります。活動が時間ごとに細分化されていると、いったん抜けて戻った場合、流れに乗りにくくなりますが、流れが一定であれば、戻ってきたところからまた合流できます。

また、子どもや教師が、教科交流に出ていった子どもの活動を補えるような協働的な活動展開にしておくことも有効です。各自が同じ活動をそれぞれに進める形ですと、途中で抜けた子どもは戻ってきた段階で、ほかの子どもより活動の進度が遅れてしまいます。それに対し、みんなで協力して一つのものを作るような展開であれば、不在の間は補うということで対応でき、戻ってきても遅れは発生しません。

という具合に、自然で実際的な活動を展開すれば、教科交流による出入りもそれほど気にはならなくなります。

教科交流も大事な教育活動なのですから、それを応援できるように、各教科等を合わせた指導の活動をリアルに考えることが大事です。

② 各教科等を合わせた指導での交流及び共同学習

交流及び共同学習が成果を上げるために大事なことは、それぞれの子ども同士がよい姿で出会い、同じ目標をもって共に活動することです。

交流及び共同学習でしばしば難しいのは、特別支援学級の子どもが通常の学級の子どもに「支援される」という関係になってしまう場合です。筆者自身も養護学校（当時）教師時代に交流（当時は「交流及び共同学習」という言葉はありませんでした）をした際に、感じたものですが、「困っている人は助けてあげましょう」というようなともすれば上から目線の道徳観を安易に実践されてしまう向きもあります。最初から、特別支援教育の対象の子どもは「助けてあげる存在」というスタンスで来られるのには閉口したものです。

しかし、各教科等を合わせた指導の中で、子どもが思いきり力を発揮している状況下では、このような先入観はいつしかなくなり、お互いに対等に、よき仲間としてのお付き合いができるようになってきます。ここに各教科等を合わせた指導の力があります。ですから、交流及び共同学習を考える上では、特別支援学級で行っている各教科等を合わせた指導に通常の学級の子どもたちに参加してもらうタイプの実践も大いに行っていくべきと考えます。

「支援する・支援される」という関係が生じてしまうのは、両者の間に客観的かつ不可逆的な能力差があるからではありません。「支援される」側に置かれる子どもの側に、その子が精いっぱい力を発揮できる支援条件が不足している場合に起こるものです。このような事態は、交流及び共同学習においては、教師側の支援不足、授業準備の不足に他なりません。通常の学級の子どもたちも特別支援学級の子どもたちも、生き生きと活躍できる条件下での交流及び共同学習を目指すべきで、その一つの有力な方法が、各教科等を合わせた指導での交流及び共同学習なのです。「できる状況づくり」が周到に行われた授業の中で、子どもは頼もしい存在となります。そのような姿での交流及び共同学習であれば、お互いを支え合うよい関係が生まれます。

筆者が、各教科等を合わせた指導での交流及び共同学習を推奨する最大の理由はここにあります。そして、もう一つ理由をあげるとすれば、各教科等を合わせた指導の教育力は、間違いなく通常の学級の子どもたちにも豊かな育ちを保証します。交流及び共同学習も授業なのですから、通常の学級の子どもたちもしっかり育ってくれなければよい授業とは言えません。

筆者は自身の実践経験からも、そしてその後何度となく見学させていただいた各教科等を合わせた指導での交流及び共同学習の成果からも、通常の学級の子どもたちの確かな育ちを実感しています。それは単に障害理解等の特別な学習内容ではなく、各教科等を合わせた指導ならではの確かな生きる力の高まりや生き生きと活動する姿の実現という、障害の有無に関係のない普遍的な学習内容での育ちを意味します。その点でも、各教科等を合わせた指導での交流及び共同学習は強くお薦めです。

通常の学級の先生方にとっても、各教科等を合わせた指導に直に触れていただくことで、この教育への理解が深まると共に、「育成を目指す資質・能力」を養う授業への有効なヒントを得られることもあると思います。

4　通常の教育の教科学習と各教科等を合わせた指導

①「育成を目指す資質・能力」を共通言語にする

特別支援学級は、小学校または中学校に設置される学級ですので、当該の学校の学習指導要領、すなわち小学校または中学校の学習指導要領によりますが、実際には特別支援学校の学習指導要領に基づく教育課程が編成されることはすでに述べました。しかし、一方で、小学校または中学校の学習指導要領による部分も当然あってよいものです。知的障害教育の場合も、すべてを知的障害教育教科に替えることだけでなく、通常の教育の教科であっても習得可能でかつ生きる力につながるものを指導することに臆病である必要はありません。

ただし、通常の教育の教科を指導する場合、知的能力相当の知識・技能を習得することで事足れり、であってはならないと筆者は考えます。その知識・技能を習得することで、その子の生活が生活年齢相当に豊かになっていくことまでを指導計画にしなければならないことは、知的障害教育における教科別の指導と同じであるべきです。この点、かつての通常の教育の教科は、系統性や知識重視のため、生活に結びつきにくいうらみがありました。このことも、独自の知的障害教育教科を生み出す契機になっています。

しかし、新しい学習指導要領のキーワード「育成を目指す資質・能力」の三つの柱に即した教科はそうではないし、そうであってはなりません。通常の教育の教科学習においても、活用でき、子どもの豊かな生活（内面の豊かさも含め）を実現しなければならないことを考えれば、今後は通常の教育の教科学習と知的障害教育における教科学習（教科別の指導だけでなく、各教科等を合わせた指導も）の連続性も高まることが期待されます。これらを有機的に組織化できれば、特別支援学級ならではの「カリキュラム・マネジメント」が実現できるでしょう。「育成を目指す資質・能力」を共通言語とすることで、通常の教育の教科学習と各教科等を合わせた指導の有機的組織化も可能になるのではと筆者は期待しています。

② 義務教育修了後の進路選択を巡る課題

さて、通常の教育の教科学習と各教科等を合わせた指導の関係で、現実的に切実な課題があります。それは中学校特別支援学級の教育課程編成にかかわる問題です。近年、知的障害特別支援学級の生徒が通常の高等学校に進学するケースが見られます。受け入れる高等学校も、生徒の教育的ニーズを踏まえ、最大限の努力をして一定の成果を上げている場合もあります。

義務教育修了後の進路は多様であってよいと筆者は考えますので、知的障害のある子どもにも高等学校進学の道が開かれたことは喜ばしいことです。

しかしそのために、各教科等を合わせた指導を教育課程に位置づけにくくなっている現実があります。なぜでしょうか。高等学校に進学するためには、入学試験を受ける必要があります。入学試験では、言うまでもなく通常の教育の教科別に試験を課します。となるとそのために中学校特別支援学級でも通常の教育の教科学習をしなければならないという事情があるのです。もっともなことです。

しかし、そのために中学生年齢にかけがえのない生活を実現し、生活年齢にふさわしい生きる力を実際的・総合的に養うことができる各教科等を合わせた指導が実践できないというのは、知的障害教育の本旨からして大きな問題です。

だから、悩ましいのです。

筆者は、このような場合は、「あれか、これか」の議論ではなく、各教科等を合わせた指導を可能な限り大きく位置づけながら、交流及び共同学習の教科交流や、特別支援学級における教科別の指導では、高等学校で求める教科の学力を身につける学習をしてもよいと思っています。知的障害教育では、系統的教科に関しては敏感に反応し、「生活か教科か」という議論に直行してしまいがちです。でもそうではなく、現実を踏まえた教育課程編成を考えてよいのではないでしょうか。ただし、私たちは、各教科等を合わせた指導が、たとえ高等学校進学を目指している生徒であったとしても、大切だし、その生徒の大きな力になるという誇りを忘れてはいけません。実施できる限り、ベストの各教科等を合わせた指導の授業づくりに力を注がなければなりません。

Ⅵ 各教科等を合わせた指導の実際

一 生活単元学習～遊ぶ単元～

単元
「ジャングルであそぼう」の実践から
平成二九年度・小学部

1 単元について

本単元は一月半ばから二月中旬までの三週間、小学部の子どもたち三八人と教師二四人が、体育館いっぱいに設置した「ジャングル」の世界で毎日楽しく遊ぼうというものです。

本校小学部では生活単元学習を教育課程に大きく位置づけています。一〇時四五分から一一時五五分までをあそびを中心とした生活単元学習の時間に充て、帯状の週日課で生活を整え、子どもたちがテーマに沿って存分に活動できるよう努めています。

① テーマは動物いっぱいの「ジャングル」

本校では毎年校外学習で動物園に行き、みんなで動物を見て楽しんでいます。また、日頃から図書室で動物の本を見たり、パソコンで動物の映像を見たりして動物に興味・関心を示す子どもも多くいます。そこで、そんな子どもたちが動物の衣装を着けて動物になりきり、動物とふれあっているような雰囲気で遊ぶことができれば楽しいのではないかと考え、テーマを「ジャングル」として遊び場を作ることにしました。体育館いっぱいに緑の葉っぱを飾り付け、その中に動物の絵や立体的な動物の遊具などを設置すれば、子どもたちもきっと楽しく遊べるだろうと考えたからです。

「ジャングル」を作るにあたっては、ディズニーアニメの「ジャングル・ブック」を参考にしてイメージを膨らませていきました。

② 子どもたちのあそびを深め、広げるために

遊具を作るにあたっては、次のようなことに配慮しました。

- 子どもたちみんなが楽しめる遊具とはどんなものか。
- 遊び方が一つではなく、いろいろな遊び方ができる遊具とはどんなものか。
- 時間いっぱい存分に遊べるようにするにはどれだけの遊具が必要か。
- 三八名の子どもたちが動きやすく、全体を見渡せる配置とはどういうものか。
- 安全に遊べるようになっているか。

子どもたちの「楽しい」の感じ方もそれぞれ違うため、一人ひとりの子どもの様子を把握した上で、個々に応じた遊具なども取り入れるように工夫をしました。

③ 「ジャングル」には楽しい遊び場がいっぱい

今回遊び場としてイメージを描いたのは、明るく楽しい雰囲気の「ジャングル」です。ジャングル特有のツタやシダが生い茂っている中に明るい光が差し込み、「わくわく」してくるような遊び場にしました。「ジャングル・ブック」に登場してくるサル、ヒョウ、クマ、ヘビ、トリなどの動物は子どもたちが手作りし、あちらこちらに飾って遊び場に親近感をもてるようにしました。

今回の遊び場「ジャングル」では、中央に広々とした空間をつくり、真ん中から遊び場全体を見渡せるように

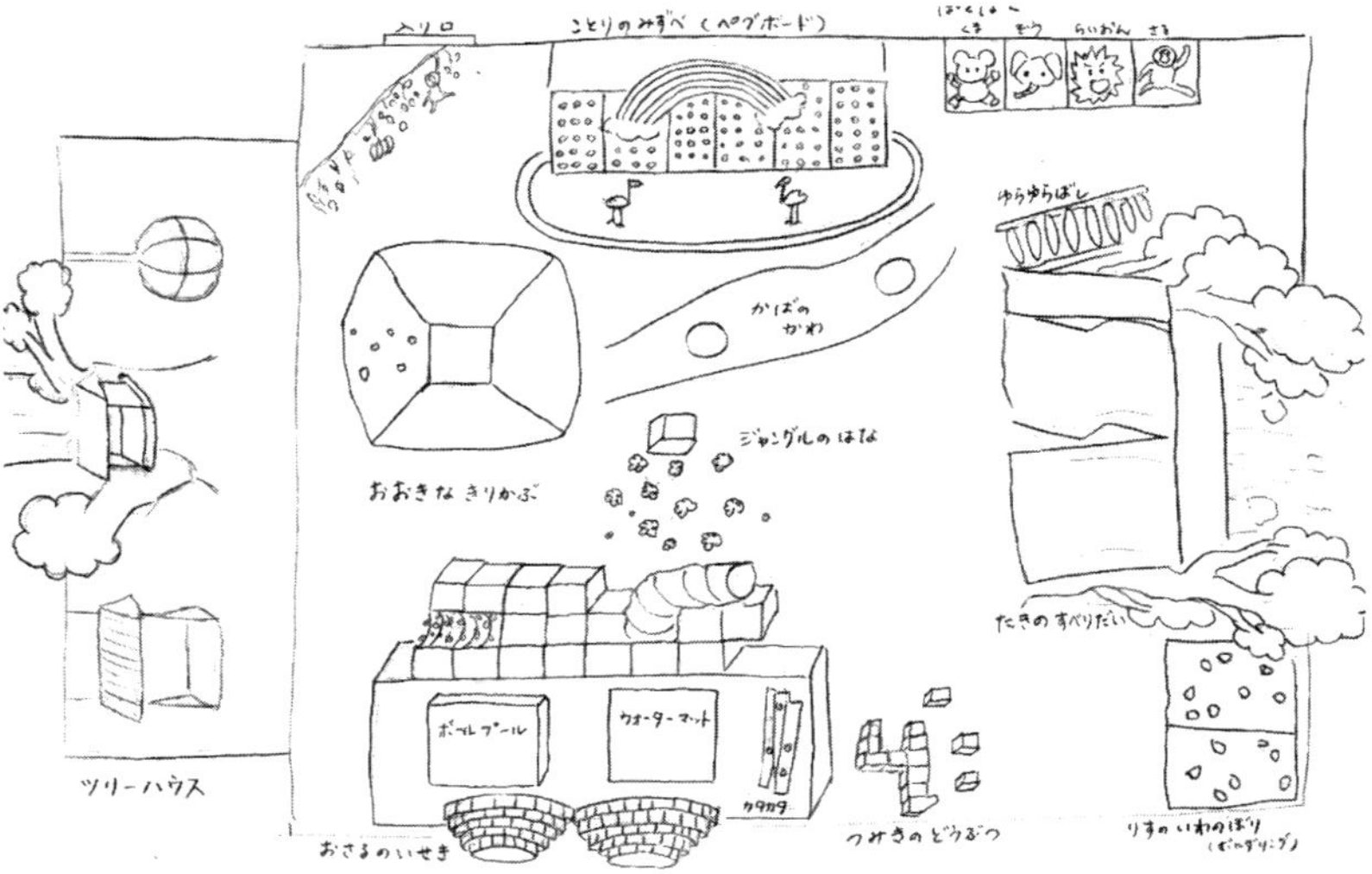

図１　配置図

しました。子どもたちが遊び場に入ったときに、どんな遊びがあって、友だちや教師がどんなふうに楽しんでいるかが一目でわかり、その場の雰囲気に引き込まれるように遊び場に入り込んで遊んでほしいとの願いからです。

遊び場に入ってまず目に入ってくるのが体育館東側に設置した大きな「滝のすべり台」です。大きな滝の上の岩場に、ロッククライミングやスロープ等を使って上がり、水が流れ落ちるように滑り下りて遊べるようにしました。

「滝のすべり台」の上から西側を見ると、「ジャングル」のシンボルである大きな木と「ツリーハウス」が見えます。ここに子どもたちに大人気の数人で乗れる大型ブランコを吊り、友だちと一緒に楽しく遊べるようにしました。

南側には「おさるの遺跡」と名づけた、迷路で囲んだ遊び場を作りました。迷路を通り抜けて中に入ると「木の玉転がし」と温かいウォーターマットがあり、サルが集まって餌を転がしたり、仲間と寛いだりしているという雰囲気をつくりました。

遊び場の真ん中よりやや西寄りの場所には、低いすべり台の「大きな切り株」を作りました。三方に傾斜の緩やかな滑り面をつけることで、登ったり滑ったりを繰り返しながら、ぐるりと周りを眺めて遊べるようにしました。滑り面の一部は「カバの川」へとつながり、川で遊びながら東へ移動すると「小鳥の水辺」や「滝のすべり台」に辿り着くようにしました。遊び場と遊び場をつなげることで、いろいろな遊び場に目を向けることができ、あそびが広がり、より楽しむことができると考えました。

北側には「ジャングル」の緑とは少し色合いの違う青い空や虹、水辺、川などを描いた遊び場を作りました。「小鳥の水辺」という遊び場では壁面に大型のペグボードを取り付け、自分で選んだ遊具を、付けたり外したりして遊べるようにしました。レールを付けてボールを転がしてみたり、ボールが当たるところに風車を付けて回るように工夫してみたりするなど、自分で遊具を選び、立ち止まりじっくり遊べるような遊び場にしたいと考えました。「大きな切り株」から続く「カバの川」は川岸にロープを取り付け、ゆっくりとボードを動かしたり、周りの景色を楽しんだりしながら遊べるようにしました。ボードは立って漕げるものや腰掛けた状態で漕げるものなど、いろいろな子どもを想定して準備しました。

また、遊び場には静かなせせらぎの音や鳥の鳴き声が流れるＣＤも流して、「ジャングル」感を出しました。

④　子どもも教師もみんなで仲良く「わーいわい」

単元期間中は教師も子どもと共に遊び、子どもたちが思いきり楽しめるようにしました。ターザンの衣装や動物の衣装を着けて、驚かせたり追いかけっこをしたりしてわいわいと遊んで楽しみました。

また、一緒に遊びながら子どもたちの変化を見取り、遊具を付け足したり改善したりして、より楽しめるものにしていきました。好きな遊び場で思う存分遊びながら、子ども自身がより楽しい遊び方を発見したり自分で工夫をしたりしてあそびを深め、徐々に他の遊具にもあそびが広がっていくようにと考えました。

2　単元におけるねがい

- 「ジャングル」の中で、「滝のすべり台」や「おさるの遺跡」など自分の好きなあそびを見つけ、みんなで毎日めいっぱい遊んでほしい。

3　計画を立てるにあたって

①　子ども主体の単元活動の進め方

- 単元初日からみんなが楽しめるように、子どもたちが大好きな遊具を取り入れた「滝のすべり台」や「大きな切り株」「おさるの遺跡」「カバの川」「ツリーハウス」の遊び場を設置しておく。
- より楽しく遊べるように、二週目から「小鳥の水辺」「リスの岩登り」「積み木の動物」「ジャングルの花」「パクパク」の遊び場を追加する。
- 時間いっぱい遊ぶことができるように、活発に身体を動かして遊ぶことができる遊び場と、ゆったりと楽しめる遊び場を作り、あそびにリズムをもたせる。
- よりジャングル感を出せるように、鳥の鳴き声や滝の流れる音を流す。
- あそびに慣れていない子どもや不安の強い子どもでも楽しく遊べるように、目で見て楽しめる遊具や触って楽しめる遊具、音を聞いて楽しめる遊具を設置する。

●単元期間中は毎日みんなで思う存分楽しめるように、昼休みも遊び場を開放する。
●活動の終わりがわかるように、ＢＧＭを流す。
●たくさんの人と楽しみを共有できるように、保護者や他の特別支援学校、特別支援学級の友だちを招待する。

②主体性を支える場の設定・遊具などの工夫

●遊び場のどこからでも遊び場全体が一目で見渡せるように、中央部には背の低い遊具を配置し、周りに背の高い遊具を設置する。
●「ジャングル」に入るとすぐに「滝のすべり台」が目に入るように、木と滝の装飾をすべり台の踊り場から上部一帯に大きく描き迫力を出す。
●「滝のすべり台」はたくさんの子どもたちが待たずに繰り返し滑って遊ぶことができるように、滑り面を横に広く取る。
●滑りながらスリルを味わえるように、滑り面にウェーブを付ける。
●「おさるの遺跡」では、期待感をもって迷路やトンネルに入って行くことができるように、遺跡内部に音の鳴る遊具を設置する。
●安心して安全に「おさるの遺跡」に入ることができるように、ダンボールの高さを低くしたり小窓をたくさん付けたりして、中の様子を感じ取れるような構造にする。
●どの子どもも「おさるの遺跡」に入ることができるように、トンネルを通らなくても直接中に入ることができるドアを付けておく。
●「小鳥の水辺」ではいろいろなあそびに興味をもって楽しめるように、ペグボードに挿して遊ぶ小物をたくさん用意し、見やすい場所に置いておく。
●「小鳥の水辺」で存分に遊べるように、ペグボード面を広くする。
●「リスの岩登り」ではどの子どもも自分から登って楽しめるように、ボルダリング面の角度が直角に近いものと少し緩やかなものの、二種類を作っておく。
●「カバの川」では自分でボード等を前に進めることができるように、両岸の柵を持ちやすく低いものにする。
●「ジャングルの花」では舞い落ちた花びらをたくさん集めて遊ぶことができるように、お花紙で作った花びらを大量に準備する。
●「大きな切り株」ではいろいろな滑り方が楽しめるように、各滑り面を少しずつ異なった造りにする。

③　**共に活動しながらの支援**

●教師はそれぞれの子どものペースに合わせて安全に楽しく遊べるように、常に子どもたちの表情や身体の動きに気を配る。
●子どもが思いきり楽しめるように、教師も子どもと一緒に楽しく遊び、新しい遊び方を見つけたり子どもの遊び方を真似したりしてあそびを盛り上げる。
●教師は共に遊ぶ中で子どもたちがめいっぱい遊ぶために必要な改善点、支援方法を確認し、その都度検討する。
●子どもの思いや様子を見取り、声がけの工夫や子どもに合わせたあそびのペースを大切にする。
●友だちと一緒に遊べるように、友だちの遊んでいる様子を伝えたり、誘ったりする。

4　日程計画

表１参照。

5　活動の様子

体育館での「あそびの単元」を始めて本年度で七年目となり、どの子どもも笑顔で時間いっぱい遊ぶことができるようになりました。三八人という大人数の子どもたちが存分に遊ぶには、体育館という広い場所が必要となり、本校では約二か月の間小学部が体育館を使わせてもらっています。単元期間中は、広い体育館で子どもたちが友だちや教師と一緒に楽しそうに走り回って遊ぶ姿を見ることができ、成長を感じることができました。

遊び場ごとに見ると、本校お馴染みの大型滑り台「滝のすべり台」は、単元初日から大賑わいで楽しそうな声が響き渡りました。一年生の子どもたちも怖がることなく、自分からすべり台に上がっていき、繰り返し滑って遊んでいました。同じ滑り方ではあるけれど、声を出して繰り返し滑って遊ぶ子ども、友だちや教師のそばに寄っていき、並んで座ったり、膝に座ったりして滑る子ども、教師に勢いをつけてもらってダイナミックに滑る子どもなど、それぞれの滑り方で存分に楽しんでいました。

「大きな切り株」は、四面の内の一面を階段状にしたことで、どの子も上がることのできる遊びやすい遊具になりました。子どもたちは滑り面を下から駆け上がって遊んだり、切り株の上に座って周りを眺めたりして楽しんでいました。

毎年人気の大型ブランコは取り合いになることも多かったのですが、今年は遊具も多く、ブランコを好きな子

表1　日程計画

月/日	曜日	主な活動	関連する活動
1／15	月	○「ジャングル」で遊ぶ。	・招待状をつくる。
16	火	「滝のすべり台」「大きな切り株」	・単元ニュース①を作成し掲示する。
17	水	「おさるの遺跡」「ツリーハウス」	
18	木	「カバの川」	・他校へ招待状を届ける。
19	金	↓	・他校の友だちを招待して遊ぶ。
22	月	「小鳥の水辺」「パクパク」	
23	火	「リスの岩登り」	・単元ニュース②を作成し掲示する。
24	水	「ジャングルの花」	
25	木	「積み木の動物」	・他校の友だちを招待して遊ぶ。
26	金	↓	
29	月		
30	火		・他校の友だちを招待して遊ぶ。
31	水		
2／1	木		
2	金		
3	土		・保護者と一緒に遊ぶ。
6	火	○片付ける。	・単元ニュース③を作成し掲示する。

写真2　遊び場の入り口から東側の様子

写真1　「滝のすべり台」に上がるスロープの上から見た様子

どもがゆったりと遊んで満足している様子が見られ良かったと感じました。

「小鳥の水辺」のペグボードの遊具では、滑り台などで元気に走り回って遊んでいた子どもたちが、疲れてくると「ちょっと遊んでみよう」という様子で近づいてきて、教師の様子を真似て、自分からペグを挿そうとする様子が見られました。また、新しく作った「カタカタ」という遊具では、木で作ったさる型の「カタカタ」がペグの間を下まで降りていくのを楽しんで、ペグを挿し換えたり、「カタカタ」の置き場所を変えたりして遊んでいる様子もありました。同じ遊具であっても少し改善を加えることで、楽しく遊べる子どもが増え良かったと感じました。

まだ難しいと感じて、見ているだけで手を出そうとしない子どももいますが、さらに小型のレールなどを準備し、持ちやすく取り付けやすいものに改善することで、「ピタゴラスイッチ」のように遊べるものにして、みんなが楽しめるようにしていきたいと思いました。

写真3　「小鳥の水辺」と「カバの川」

写真4　「カタカタ」と「風車」

6　活動を振り返って

今回居心地のよい遊び場「ジャングル」で、子どもたちの生き生きと主体的に活動する姿を見ることができました。振り返って特に良かったと感じたのは、まず遊具の量と種類です。いろいろな遊具をみんなが遊べるだけ準備したことで、順番を待ったり、一つの遊び場で停滞したりすることなく、どの子どもも満足して遊んでいる様子を見ることができました。少し多かったのではないかという意見もいただきましたが、これまで遊べなかった子どもが笑顔で遊べるようになったことや、退屈して途中で遊び場から出て行こうとすることがなかったということは成果であったと思いました。

また、今回どの遊具も子どもたちにとって魅力的なものになっていたのではないかと思いました。単元最初は、自分が好きな遊具に走っていき、好きな所で遊び続ける子どももいるのですが、日が経つに従って、他の遊具やまだ経験したことのない遊具にも目を向け挑戦する姿が見られるようになり、あそびが広がっていると大変うれしく感じました。

遊び場作りに子どもたちが参加するということも良かったと感じました。カラフルに仕上がった装飾を愛おしそうに眺め、遊具を大切に扱う子どもが多く見られました。

単元期間中も教師は子どもたちと共に遊び、子どもの様子を見取り、何度も意見交換をして遊具の工夫・改善・メンテナンスを行いました。そして、子どもに合わせた適切な支援の在り方を探りながら、全員が一丸となって取り組んだことで、「あそびを深め、広げる」に迫ることができました。

今後も小学部ではあそびを中心とした生活単元学習に引き続き取り組んできたいと考えていますが、何よりも安全を第一にしながら、細やかな配慮のある遊び場作りを心掛けて次へつなげていきたいと考えています。

これからも学部全員で「今日も楽しかったね。明日も楽しく遊ぼうね」と教師も子どもも笑顔で過ごせる授業づくり、生活づくりを追究していきたいと思います。

二　日常生活の指導

活動
「朝の活動」等の実践から
平成二九年度・小学部

1　日常生活の指導で目指すもの

- 一連の流れを覚えて、一人でできるように毎日同じ流れで取り組む。
- 「教師と共に」から徐々に一人で動くことができるように、子どもに合った支援方法を日々検討していく。
- 次年度への引き継ぎを行い、同じような支援を行いながらステップアップを図る。

2　「朝の支度」をスムーズに進めるための支援

子どもたちはスクールバスや保護者の送りなど、それぞれの方法で登校してきます。挨拶をして元気に教室に入ってくると、子どもたちは「朝の支度」を始めます。上級生になると、毎日同じ流れで何年も行っているので、動きもスムーズです。しかし、最初からスムーズに動けていたのではありません。入学時から教師と共に一つひとつの活動を確認しながら、行ってきた結果であると思われます。

毎日繰り返すこの活動は、一人ひとりの子どもに合ったやり方で取り組みます。

このようなツールを利用しながら、子どもたちは「朝の支度」の流れを覚え、教師の支援がなくても自分でス

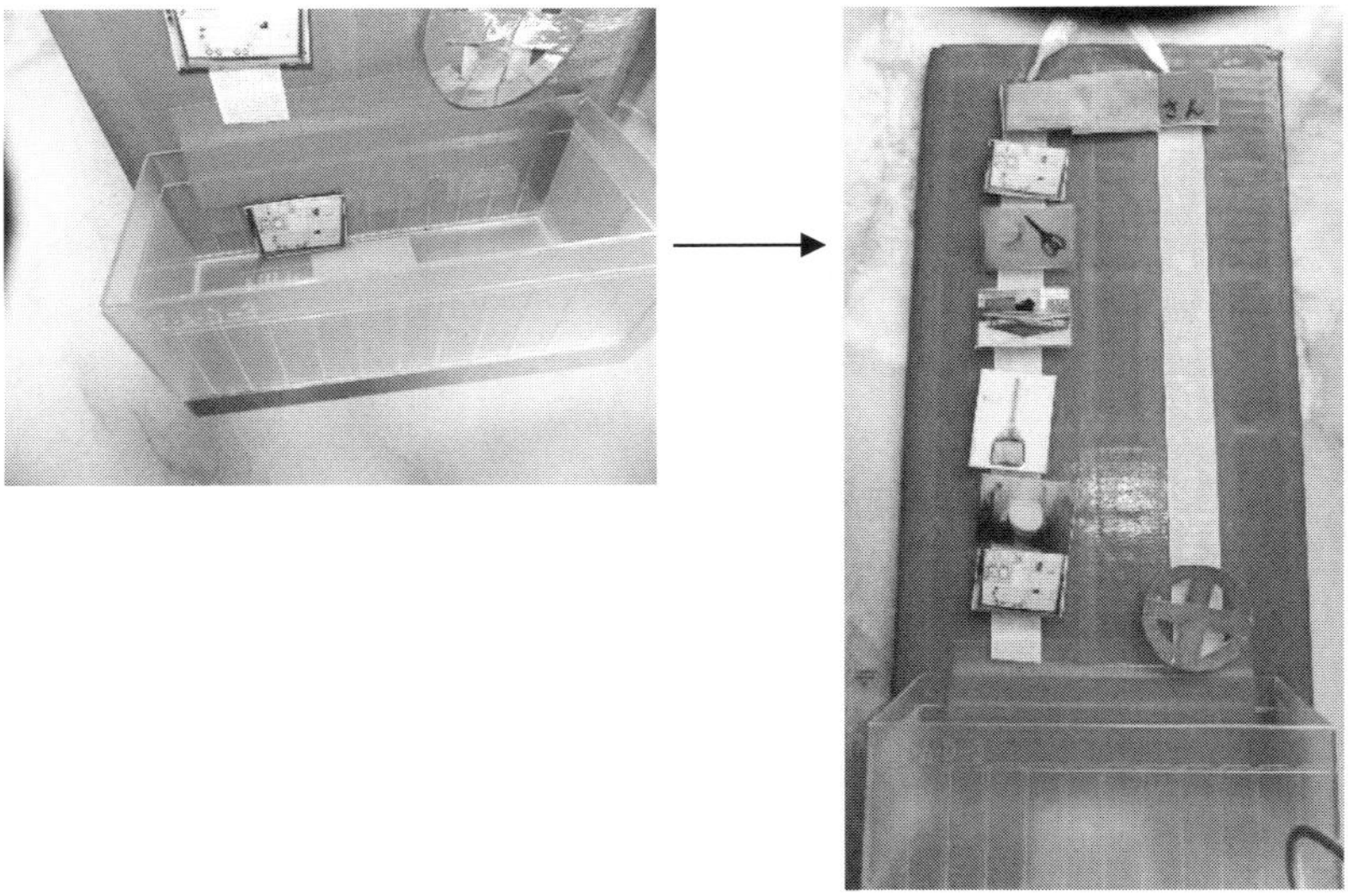

写真５　１年生用：一つひとつの活動が終わるとカードを外していく

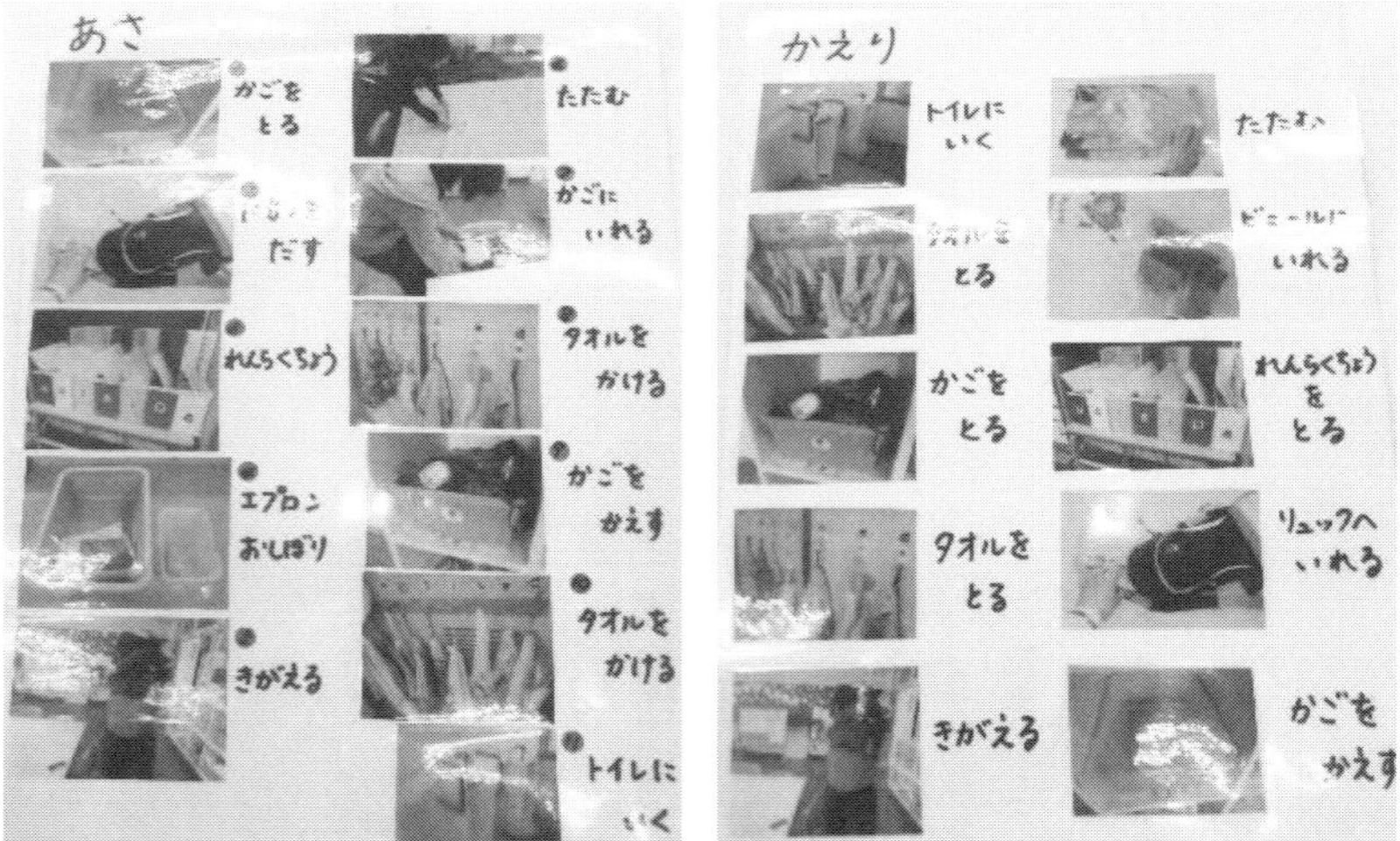

写真６　１年生用：一連の流れがプリントされたカード

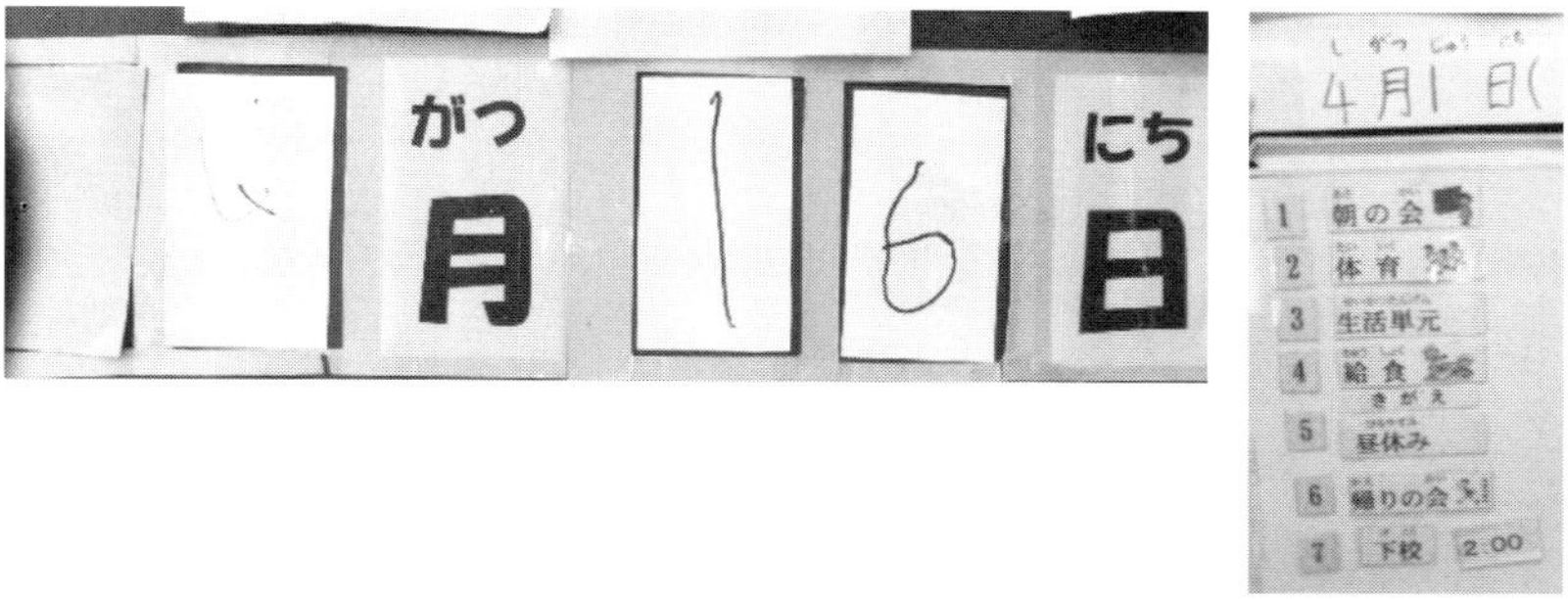

写真７　２年生用

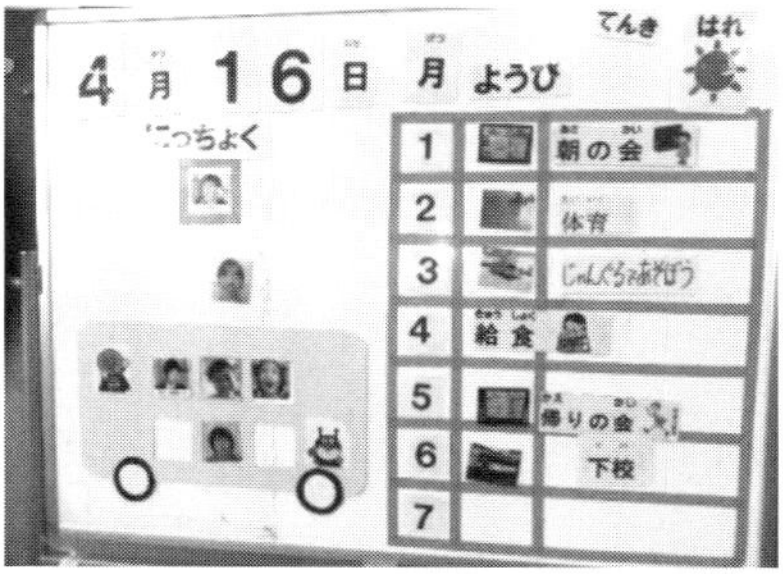

写真８　３年生用

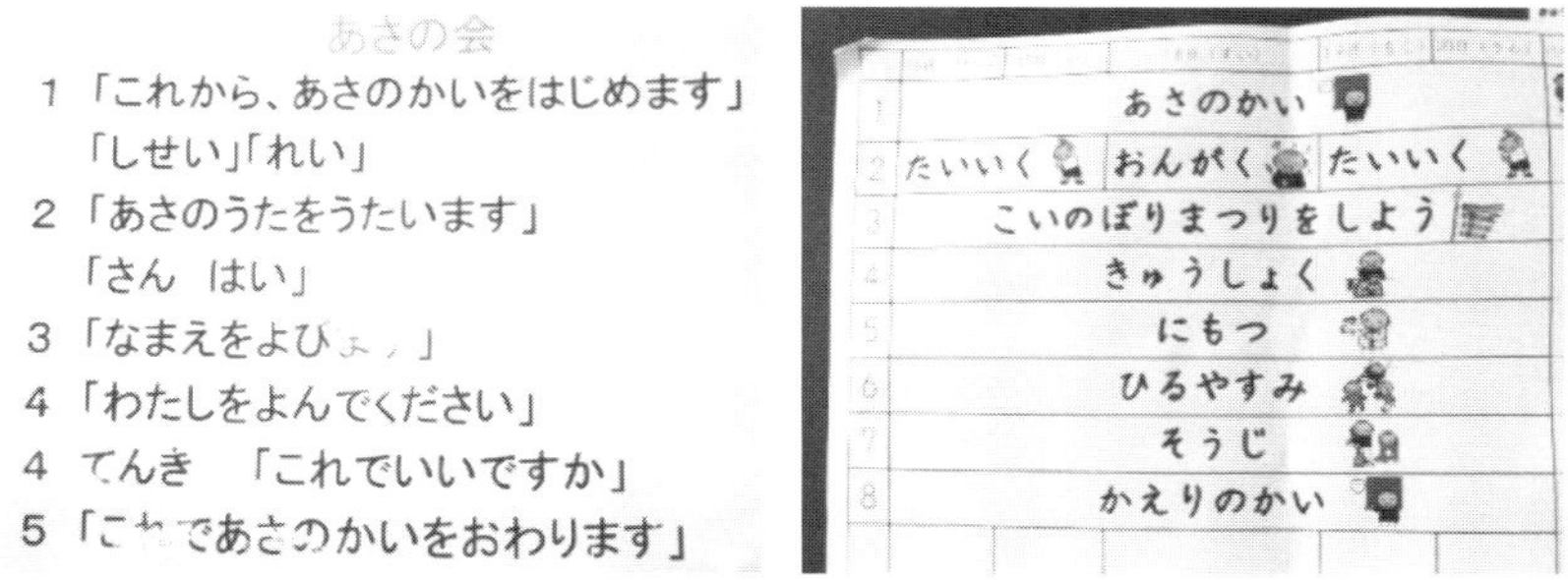

写真９　５年生用

ムーズに動くことができるようになってきます。次年度になり、教室やロッカー、連絡帳入れの場所が変わっても、この流れはわかっているので、その場所を覚えると、またスムーズに「朝の支度」を終えることができます。

早く終わった子どもは、その時期の生活のテーマに沿った活動や個別の活動に取り組みます。

3 「朝の会」は学級でそれぞれの子どもに合った支援

学級の子どもたちが揃うと、「朝の会」を行います。それぞれの学級で、学級の子どもたちに合ったツールを使っています。

この活動も毎日同じ流れで行うことで、子どもたちは流れを覚えていきます。自分の名前を呼ばれると、最初は教師と一緒に手を挙げ（または、日直の友だちとタッチをする）自分の写真カードをもらい、所定の場所に貼っていたのが、徐々に一人でできるようになってきます。進行表があることで自信をもって、日直の司会を行うことができる子どももいます。机上でのプリント学習があまり好きではない子どもも、朝の会でみんなの前で教師と一緒にホワイトボードに数字を書くことを続けていくうちに、一人で数字を書くことができるようになってきました。

「朝の会」では、日直の子どもが友だちの写真カードを見て、名前を呼んで友だちに手渡します。呼ばれた子どもは、決められた枠の中で、自分の好きな場所を選んで貼り付けます。日付の確認では、そのまま数字を書き入れる、なぞり書きをする、数字カードの中からその日の数字を選んで貼り付ける、マッチングをする、枠の中に数字カードを入れるなどそれぞれの子どもの課題に合った方法を取ります。その日の天気は、文字を書き入れる、三つの絵カードから選ぶ、二つから選ぶ、マッチングをする、天気カードをそのまま枠内へ入れるなど子ど

写真10　今日の給食ボード

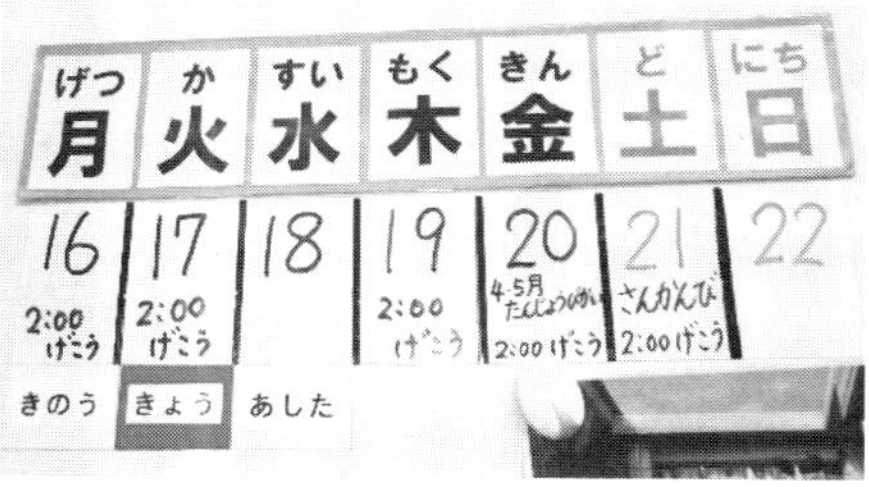

写真11　1週間のスケジュールボード

もに合わせて行います。その日のスケジュールは、数字を指で表すなどしながら写真カードや絵カードと共に確認をしていきます。毎日朝や帰りの会で行う中で、数字を指で表すことができるようになった子どももいます。毎日の生活の中で必要な文字、数字が自然に身に付いていき、日常生活の他の場面でも使うことができています。その日一日の流れを知ることで、子どもたちは落ち着いてそれぞれの活動に精いっぱい取り組むことができます。

また、毎日の給食を楽しみにしてもらいたいという思いから、朝の会で給食について話をする学級や一週間の予定をわかりやすく表示している学級もあります。

4　手洗い、歯磨きなどでもそれぞれの子どもに合った支援

視覚優位の子どもたちが多いことから、写真12〜14のようなツールを使用する学級も多いです。教師が次々に行う動きを言葉で伝えようとして、声がけが多くなることを避け、子どもたちが一人で落ち着いて動くことができるようにこのようなツールを利用しています。教師の真似をしながら動くことができる子どももいますが、「教師と共に」から「自分で」「一人で」に移行していくためにこのようなツールは必要であると思われます。

「どのくらいするのか」ということがわからない子どもについては、数字を示すことで次に移るタイミングがわかり、一人でできるようになります。歯磨きに

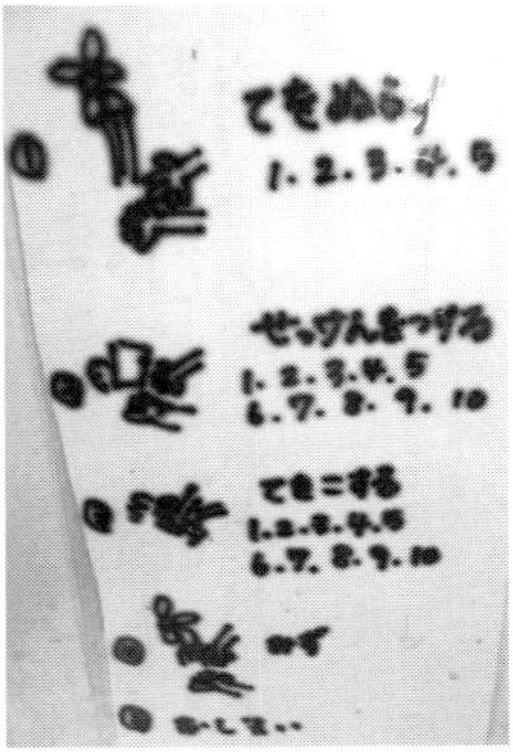

写真12　手洗い（石けん）手順表

写真13　手洗い（ボディソープ）手順表

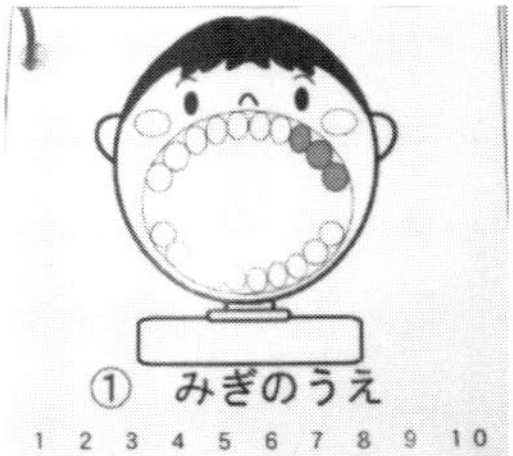

写真14　歯磨き手順表

おいても、椅子に座って磨く、流しの前で立って磨く、めくりカードを使う、一連の流れが書かれたカードに磁石を付け、それを動かしながら磨くなど、それぞれの子どもに合ったやり方を検討し、支援を行っています。しかし、ツールを使用してもなかなか一人でできていないという子どもに対しては、そのツールの見直しが必要になってきます。どの部分がその子どもに合っていないのか、どのような方法を用いたら一人でできるようになるのか、担任間で知恵を出し合いながら検討をし、その子どもに合ったツールを作っていきます。

私たちは日々子どもの様子を観察し、見取り、その子どもに合った支援をさまざまな場面で行っています。スムーズに活動することができない子どもが支援方法によっては、生き生きと活動する様子が見られることがあります。そのために支援の方法を検討していくことが必要であると考えます。今後も子どもたちがいきいきと活動するために、日々試行錯誤しながら支援を考えていきたいと思います。

三　生活単元学習

単元
「公民館に足つぼロードを作ろう」の実践から
平成二九年度・中学部

1　単元について

本単元は、一月一〇日から二月七日までの約四週間、生徒三二人、教師一六人が、公民館の敷地内の空きスペースを整備し、足裏を刺激する遊歩道「足つぼロード」やベンチ、案内板の製作に取り組み、単元最終日には、完成披露式を行おうというものです。

本校中学部では生活単元学習を教育課程に大きく位置づけています。一〇時四〇分から一二時二〇分までを生活単元学習の時間に充て、帯状の週日課の下、思う存分働く生活に取り組んでいます。

本単元は、以前から取り組んできた公民館の整備の一環として、敷地内に遊歩道である「足つぼロード」や案内板、ベンチを設置し、地域住民の健康づくりに役立ててもらおうというものです。

①　地域と共に

中学部では、六年前に、手入れの行き届かなくなった公民館の庭を作り直す機会を得ました。それ以来、毎年、公民館の整備や美化をテーマに生活単元学習の活動として取り組み、地域の方との交流を重ねてきています。地域の方からは、「思い出の場所をこんなにきれいに保ってくれていることが嬉しい」「ここに上がってくる（公民館は道路から少し高い所にある）ことはほとんどないけれど、きれいな庭にしてくれていますね」「こんなにきれいにしてくれてありがとう」などの喜びや感謝の声をたくさんいただいています。

公民館には、子どもたちの手では除草することが難しく、放置されていた空地がありました。そこで、本年度はその空地を整備し、公民館が地域の人にとって憩いの場となり、健康増進に結びつくような「足つぼロード」（足裏を刺激する凹凸のあるコンクリートブロックを敷き詰めた遊歩道）を設置する活動を計画しました。

② みんなで一つになって力を合わせて

単元開始前から、公民館の空地と完成予想図を確認してイメージを高め、より関心が高まるよう、実際に公園に設置されている「足つぼロード」を体験しに行きます。「足つぼロード」は、縦横五〇センチメートルのコンクリート平板に小石などを埋めて、凹凸を作るようにします。そこで、仁淀川の河原に出かけて材料の石集めをして、これから始まる活動に期待感やめあて・見通しがもてるようにします。

単元開始と同時に「足つぼロード」作りと「ベンチ・案内板」作りの二つのグループに分かれて活動を行います。「足つぼロード」グループには、型枠設置、コンクリートの流し込み、石入れ、仕上げ等の作業工程があります。コンクリート作りや仕上げ作業が進めやすいように扱いやすい道具を用意します。石を配置する作業がしやすいように活動場所の順番を決めたり、デザイン通りに石が配置できるように穴を開けた新聞紙を用意したりしておきます。生徒たちが活動しやすいよう、作業場の配置などの工夫も行います。「ベンチ・案内板」グループは、休憩用のベンチと、「足つぼロード」をわかりやすく説明した案内板を製作します。ベンチ製作には、木材のカットや研磨、塗装、組み立て等、多くの工程があります。活動が進めやすいように、工程によっては大人数で取り組んだり、一人の生徒が複数の工程を担当したりします。一人ひとりが得意な活動を生かして活動を分担し、みんなで力を合わせて作り上げることを願います。

③ 安全・安心な遊歩道の設置をめざして

屋外に設置する「足つぼロード」やベンチ、案内板は、風雨や直射日光にさらされるため寿命やメンテナンスのことを考えておかなければなりません。地域の子どもからお年寄りまで、みんなが利用することを想定して、安全で丈夫なものを作る必要があります。そのためプロの職人さんの協力を得て、誰が利用しても安全・安心で本格的な遊歩道の整備をめざします。

また、実行委員会を立ち上げ、作業に必要な物品の発注の他、各グループの進行状況の確認や学校や地域に向けた単元ニュースの発行等を行います。単元ニュースは、全校の家庭に配布したり、地域の掲示板に掲示・回覧してもらったりして、保護者や地域住民の皆さんに完成を楽しみにしてもらいます。

完成時は、生徒の進行による完成披露式で「足つぼロード」を披露し、みんなで歩きながら完成した喜びを分かち合い、満足感いっぱいで単元を締めくくってほしいです。そして、この活動に協力してくれた方に感謝し、地域に貢献する活動への更なる意欲を高めていってほしいと願います。

2 単元におけるねがい

- 一人ひとりが期待感をもちながら、「足つぼロード」の完成をめざして、担当の作業に精いっぱい取り組んでほしい。
- 「足つぼロード」を作り上げた喜びを仲間や地域の人と分かち合ってほしい。

3 計画を立てるにあたって

① 生徒主体の単元活動の進め方

- 期待感が高まるように、単元開始前から、実際に公園に設置されている「足つぼ」のある遊歩道を体験したり、材料の石集めをしたりする。
- 見通しをもって活動できるように、単元開始から、「足つぼロード」と「ベンチ・案内板」の二つのグループに分かれて繰り返し活動を行う。
- 力を発揮し、自信をもって取り組めるように、生徒一人ひとりができる活動を生かした作業を担当したり、活動の進め方等を工夫したりする。
- 全校や家庭、地域で話題となるように、実行委員が中心となって単元ニュースを発行し、家庭に配布する他、地域に回覧したり、掲示板に掲示したりする。
- この時期が単元一色の生活となるように、学級扱いの時間にも完成記念品作りや完成披露式の準備など、単元にかかわる活動に取り組むようにする。
- 満足感いっぱいに単元を締めくくれるように、地域やＰＴＡの方々を招いて「足つぼロード」の完成披露式を行う。

② 主体性を支える場の設定・道具や補助具等の工夫

- 作業を進めやすいように、各グループとも、活動の流れや工程に応じて場を整える。
- 自分から次々と活動を進められるように、道具・補助具等を一人ひとりに合わせて工夫し、様子を見て適宜、改善していく。

- コンクリート作りでは、比率が一定になるように、材料ごとに入れる容器を色分けしたり目盛りを付けたりしておく。
- 石入れでは、デザイン通りに石が並べられるように、穴を開けた新聞紙を広げ、コンクリートの上に石の置き場所がわかるようにする。
- ベンチ作りでは、作業が進めやすいように、場の配置を工夫して部材を次の工程へ送りやすくしたり、部材を置く台を設置したりしておく。
- 研磨では、削りやすいように、子どもの様子に合わせて部材や紙やすりを固定したり、ブロックサンダーを使用したりする。
- 塗装では、部材を次々と塗れるような塗装枠や、塗装し終えた部材が並べやすいような広めの乾燥棚を用意しておく。
- 組み立てでは、組み立てやすいように補助具を用意する。

③ 共に活動しながらの支援

- 担当する活動に慣れ、自信をもって取り組めるように、道具の使い方や手順を確認し合ったり、一緒に活動を進めたりする。
- 教師も生徒と共に同じテーマの実現に向けて取り組む。活動の一分担を担い、率先して作業に取り組むことで、場の雰囲気を盛り上げる。
- 教師だけでなく、プロの職人さんや地域の方と協働することで、活動の手応えや喜びをより大きくする。

4　日程計画

表2参照。

※単元開始前から、「足つぼ」のある遊歩道を体験したり、河原で材料の石集めを行ったりします。

※単元期間中は、移動時間を考慮し一〇時から活動を開始します。

5　活動の様子と成果

①　地域と共に

「足つぼロード」を設置した場所は市道に面しており、地域の方の目に触れる機会が多くなりました。地域の方も関心や期待を寄せてくださり、たくさんの方が見に来て「足つぼロードができるが（できるのか）？」「素晴らしいものができきゆうね（できているね）」「完成が楽しみやね」「完成披露式には必ず行くきね（行くからね）」などと言葉をかけていただき、生徒たちのモチベーションは上がり、意欲的に取り組むことができました。

②　みんなでテーマを共有して

「足つぼロード」グループは、雨天時には学校で完成披露式にかかわる活動を行いました。その際に、「ベンチ・案内板」グループの作業の様子を見学しました。寒い場所で部材の研磨や塗装に一生懸命取り組んでいる仲間の姿を見ることができました。一方、「ベンチ・案内板」グループは、作業の合間を縫って公民館の「足つぼロード」製作の様子を見学する機会を設けました。少しずつ形になっていく様子を目の当たりにしたり、仕上がった足つぼ区画の上に足を乗せてみたりして、完成に向けて期待感を高めることができました。こうすることで、

表２　日程計画

月日	曜日	主な活動		関連する活動
1/10	水	型枠設置、整地作業、テント張り、作業準備		
		足つぼロード	ベンチ・案内板	実行委員会 ・公民館の館長さんとの打ち合わせ ・物品発注 ・活動報告会 ・単元ニュース発行 ・完成披露式の相談 ・取材依頼
11	木	「足つぼロード」作り	ベンチ作り４脚	
12	金	公民館	学校	
15	月			
16	火			
17	水		案内板作り	
18	木			
19	金			
22	月			
23	火			
24	水			
25	木			各学級 ・完成記念品作り ・完成披露式準備
26	金			
29	月			
30	火			
31	水			
2/1	木			
2	金			
5	月	「足つぼロード」仕上げ	案内板・ベンチ設置	
6	火	完成披露式		
7	水	まとめ・片付け		

写真15　足つぼロード

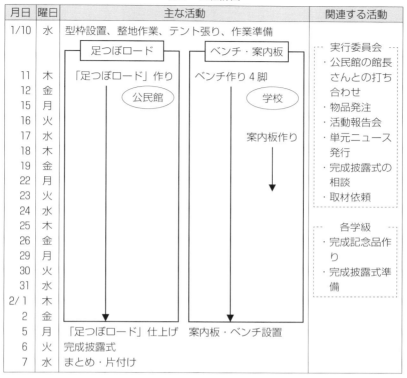

離れた場所でのグループ活動ではありましたが、みんなでテーマを共有することができました。

③　専門家の方と協働して

二年前、「かまどベンチと防災トイレを作ろう」の単元でお世話になった建築会社の方に今回も協力をお願いすることができ、単元期間中は、ほぼ毎日、生徒たちと一緒に作業を行ってくれました。「誰が利用しても安全・安心で本格的な『足つぼロード』を設置する」という目的で、コンクリートの配合の仕方や混ぜ方、いろいろな種類の道具の使い方、石入れまでの手順など多くのことを実際に学びながら作業を進めていきました。

写真16　専門家との協働

建築会社の方には、その都度アドバイスをいただきながら、生徒の様子に応じて日々修正しながら対応していくことができました。生徒たちはプロから手ほどきを受け、道具の使い方を覚え、会社の方から「名人になったね」と言葉をかけてもらい意欲的に取り組むことができました。作業中は全員が名札を付け、会社の方に名前で呼んでもらえるようにしたことで、お互い親しみを感じることができました。毎日一緒に作業に取り組み、小さな完成を喜び合い、明日もまた頑張ろうと声をかけ合って共に活動する仲間という意識が高まり、深まっていきました。

プロの技を伝授してもらいながら本格的な活動を展開し、専門家の方との「協働活動」を実現することができました。

④　成就感、満足感いっぱいに

完成披露式は、実行委員が司会やあいさつ、テープカット、「足つぼロード」と「ベンチ案内板」の説明などの役割を分担して、生徒の進行で行いました。紅白幕を張り巡らした会場でお祝いの言葉をいただき、みんなで歩き初めをするなどして「足つぼロード・ベンチ・案内板」の披露をしました。実行委員は、それぞれの役割を立派に果たすことができ、自信につながりました。地域や保護者の方がたくさん来てくださり、盛大な披露式となりました。みんなで歩きながら完成した喜びを分かち合い、満足感いっぱいで単元を締めくくることができました。

なお、新聞社に取材依頼をしたことで、新聞に大きく取り上げられ、「足つぼロード」が地域や学校、家庭で話題となりました。公民館に訪れ、「足つぼロード」を利用してくれる方が多くなったことも嬉しいことでした。

写真17　歩き初め

6　活動を振り返って

生活単元学習を展開していく上では、「本物の活動」「地域と共に」「学校外の人とつながる」の三つのキーワードを大切にしてきました。本単元では、専門家の方との「協働活動」を実現し、本格的な活動を展開することができました。

今後は、これまでの実践をさらに発展させ、地域と共にある学校として「地域協働」を盛り込んだ単元活動を展開していきたいと考えます。

四　作業学習

単元

「冬も高知特支にまかせちょき～みんな来てみいや　第六回市特市～」の実践から

平成二九年度・高等部さき織り班

1　単元について

本単元は、一二月半ばから二月初旬にかけての約六週間、販売会「第六回市特市《しっとくいち》」に向けて高等部の木工班、食品加工班、縫製班、農耕班と共に、さき織り班の生徒一一人、教師六人が製品作りに励み、販売会を成功させようというものです。

本校高等部では、作業学習を教育課程に大きく位置付けています。九時四五分から一二時二〇分までを作業学習の時間に充て、帯状の週日課の下、思う存分働く生活に取り組んでいます。

「市特市」は、回数を重ねるごとに知名度が上がり、今では二日間で来客数延べ一五〇〇人規模の販売会となっています。生徒はお客さんと接することで、感想や意見を直に聞いたり製品が売れる様子を見たりし、大きな手応えを感じています。

さき織り班では「冬の新製品を作ろう！」というテーマを掲げ、製品作りに取り組みました。さき織り製品作りの大まかな工程は、①着物をほどく、②布を切ってさき糸を作る、③たて糸を張る、④織る、⑤織り布から製品を縫い上げる、の五つです。織り上がった布のサイズによってできる製品が変わりますが、冬の新製品であるボックスティッシュカバーは小さな織り布からも作ることができるので、織り布を無駄なく使って製品が作れるようになっています。またミニバッグは、夏の市特市の後、お客様から「小さなバッグがほしい」という葉書が届いたことがきっかけで生まれました。お客様からのリアルな反応を、製品開発や改善につなげています。

2 単元におけるねがい

- 一人ひとりが「市特市」の成功をめざして、担当の作業に精いっぱい取り組んでほしい。
- 「市特市」当日は力を合わせて販売活動に取り組み、満足感や達成感を分かち合ってほしい。

3 計画を立てるにあたって

① 生徒主体の単元活動の進め方

- 進捗状況がわかるように、出来高表に完成した製品の写真を掲示する。
- 進捗状況を意識しながら作業できるように、完成した製品数を実行委員が班員に報告する機会を設ける。
- 意欲的に取り組めるように、たて糸やさき糸は生徒が自由に選べるようにする。
- 「市特市」当日は、精いっぱい活動に取り組めるように、会場のセッティング、製品の陳列、販売活動などの役割を分担し、協力して活動するようにする。

② 主体性を支える場の設定・道具や補助具などの工夫

- 一体感をもって取り組めるように、互いの姿が見える机の配置にする。
- 「市特市」に向けての期待感が高まるように、完成した製品を作業室の後ろに陳列する。

写真18　糸かけ

写真19　そうこう通し

写真20　おさ通し

- 精いっぱい力を発揮できるように、生徒一人ひとりの得意なことを生かして作業工程を分担する。
- 精いっぱい活動できるように、十分な作業量を用意しておく。
- 見通しをもって取り組めるように、道具や材料の置き場を固定する。
- ミシンがけやそうこう通しでは、スムーズに作業できるように、気をつけるポイントを書いたメモを貼っておく。
- ミシンがけでできた個数を日々ノートに記録し、必要に応じて生徒と確認する。
- 織りでは、織り始めや織り終わり、糸を替える作業などが生徒自身でできるように、手順書を用意しておく。
- 織り上がった布の写真をノートに貼ってポイントを書き込んだり、必要に応じてメモや印を織り機に付けたりしておく。

③　共に活動しながらの支援

- 教師も共に作業しながら生徒の安全面に目を配り、生徒が精いっぱい活動できるよう道具の改善などを行う。
- 生徒が自分の担当した作業に慣れるまでは、教師が一緒に確認し合いながら取り組む。

4 日程計画

表3参照。

5 活動の様子

さき織り班では一人ひとりの生徒が主体的に取り組めるように、作業工程を細分化し、それぞれの得意な工程を分担しています。担当する工程は違いつつも、みんなで協力して製品を作り上げていることを意識できるように、互いの作業が見える場の配置にしています。また、これまで教師が行っていた、たて糸を織り機に張る、織り上がった布を目打ちで整えるなどの工程をできるだけ生徒が担当するようにしました。生徒が担当する仕事の幅が広がると、自分の担当外の工程まで意識できる生徒が増え、休み時間にお互いの作業内容を見合い、意見を出し合うようになるなど、班全体に一体感が生まれてきます。

以前は決まった大きさの決まったパターンで布を織り、バッグをメインにコースターやポーチを作っていましたが、今年は、たまたま規格外サイズで正方形の布が織り上がったのでクッションカバーにしてみたところ、生徒から「いいね！　他にもいろいろ作ってみたい！」という声が上がりました。そこで、これまでの規格に限らず、思い思いの長さや模様で織り上げることがあっても良いと、織りのルールを柔軟にしてみることにしました。また、織りの長さ以外にも、これまで教師が行っていたたて糸の色選びやよこ糸の組み合わせなどを生徒が自由

表 3　日程計画

月日	曜日	主な活動				関連する活動
1/10	水	バッグ ミニバッグ	ボックス ティッシュ カバー	クッション 大 小	コースター	
11	木					第 3 回実行委員会
12	金					ポスター掲示 チラシ・案内状配布開始
15	月					
16	火					単元ニュース発行
17	水					
18	木					第 4 回実行委員会
19	金					
22	月					集中作業期間　～2/2
23	火					
24	水					
25	木					第 5 回実行委員会
26	金					
29	月					
30	火					
31	水					
2/1	木					第 6 回実行委員会
2	金					直前集会　前日準備
3	土					
4	日					
5	月	代休				
6	火	売り上げ集計作業・報告会				第 7 回実行委員会
7	水	打ち上げ				第 8 回実行委員会
備考						10/26（木）実行委員決定 第 1 回実行委員会 12/ 6（水）第 2 回実行委員会 12/12（火）総決起集会

に選べるようにしたり、織り上がった布を見合いながら何が作れるか生徒とアイデアを出し合って製品にしたりと、より生徒の思いを反映した製品作りに努めています。

さき織り班全体にかかわることの整理と併せて個々の生徒への支援についても両輪のような形で取り組んできました。さき糸づくりの工程を担当するAさんは作業のスピードが一定でなく、手が止まることがよくありました。一学期は、班で個別の指導計画について話し合い、Aさんにたくさんのさき糸を作ってもらうため、できたさき糸の個数を記録していくようにしました。ところが成果は見られず、二学期の初めには一日に三個程しかできない日が続きました。日々の個数の記録よりも、長期的な目標数を決めて取り組む方が意欲につながるのではないかという考えから、ゴールを二〇〇個とし、できたさき糸の量をすごろくに見立てて記入する方法に切り替えましたが、変化はありませんでした。そこで、もう一度「様子」と「ねがい」を見直し、個数ではなく、決まった手順を守ることを「ねがい」としました。求められた手順で作業した方が早く仕上がることを実感できると、Aさんは、「今日は九つできるかも」と言いながら意欲的に取り組む姿が見られるようになりました。

6　活動を振り返って

成果としては以下があります。一年を通じて、教師間で日々の生徒の様子について話題にし、個々の生徒の「ねがい」に応じた支援の仕方を工夫・改善してきました。一人ひとりの様子、生徒同士のかかわりの様子、支援に対する生徒の反応など、小さなことでも楽しく話題にし、ゆったりした気持ちで生徒とかかわったことで、班全体が互いを認め合う環境になっていきました。

今後に向けてですが、次の課題があげられます。個別の指導計画を基に生徒について作業班の担当教師で話し合い、支援案の「様子」「ねがい」「手立て」を見直すことによって、それぞれの生徒に合う支援を見つけていくことができましたが、Ａさんについては、「様子」の見取りにずれがありました。ほかにも、手が止まりやすい生徒などもいるので、次年度は個別の指導計画の精度をさらに高め、より働く意欲を育む作業学習にしていく必要があります。

五　生活単元学習～訪問学級での作る単元～

単元　「第五回市特市～市特市のPRグッズを作ろう～」の実践から

平成二九年度・訪問学級

1　単元について

本単元は、六月中旬から七月中旬にかけての約四週間、訪問学級の生徒二人と教師二人が同じ学部の友だちとつながりながら、本校中学部・高等部が開催する販売会「市特市」に向けて、ＰＲグッズ作りや広報活動に取り組もうというものです。

本校訪問学級は生徒一人につき週三回、二時間ずつの授業を行っていますが、単元期間中はできるだけ毎回帯状に単元の活動時間を設け、体調に留意しながら取り組んでいます。

①　初めての「市特市」に挑戦！

本校中学部は三つの作業班に、高等部は五つの作業班に分かれて、帯状の週日課の下作業学習に取り組んでいます。毎年夏と冬には販売会「市特市」を開催し、製作したいろいろな製品を中心部商店街で販売しています。訪問学級の子どもたちは、これまで販売会に直接かかわることはなかったのですが、本年度初めて「市特市」に向けての単元を組むことにしました。比較的体調の落ち着いている夏のこの時期に、中・高等部と一定期間生活のテーマを共にし、活動を共有しながら過ごすことが、生徒の生活に新しい刺激を与え、リズムや楽しみを生み、保護者も含めて生活を豊かにすることにつながると考えたからです。

訪問学級の生徒は、製品を作ることは難しいけれど、売り場の装飾やディスプレイ用のグッズを作る活動はできると考え、大きなのぼりや製品の下に敷くマットを制作して、当日活用してもらうよう友だちに託すことにしました。

また、高等部が作成したチラシにスタンプを押してオリジナル作品にし、家庭に置いてもらうことにしました。そして日頃生徒の家庭を訪れる理学療法士や訪問看護師・医師、デイサービス機関等の方々に、保護者や担任が紹介の言葉を添えて生徒と一緒に手渡す、という方法で「市特市」の広報活動を行うことにしました。

当日は生徒が直接「市特市」へ出かけることは難しいけれど、売り場の様子を教師がビデオで撮影し、生徒の作ったグッズが活用されている場面やお客さんの声、賑やかな雰囲気等を、後日授業の中で生徒と保護者に伝え、単元を終了したいと考えました。

② 本年度は「高知の夏」をテーマに盛り上がろう

本年度夏の販売会は、「第五回市特市～高知の夏といえば…いらっしゃいませ市特市!」をテーマに、中・高等部合同で取り組みます。訪問学級の生徒も、今回は「市特市」を支えるスタッフの一員としてPRグッズ作りに加わり、決起集会に参加することから取り組みを始めます。教師も一緒にグッズ作りに励み、完成を喜び合いながら「市特市」当日に向けて雰囲気を盛り上げていきます。

③ 友だちとつながり、一緒に活動できるように

訪問学級では、同じ学級・学年・学部の友だちを意識して活動できるように、お互いの様子をビデオに撮り視聴し合う場を授業に取り入れてきました。また日頃から友だちの様子を話題にして語りかけ、単元期間中は友だちと共に同じ学習に取り組んでいることを、言葉や映像、作品作りを通して伝えながら活動してきました。そうすることで生徒の目の動きや表情が変わり、発声や笑顔が増え、活動への意欲を感じ取ることができるからです。友だちの存在は新鮮で大きな刺激になり、意欲や主体性につながると考えています。

本単元でも同じ学部の生徒を中心に、ビデオ映像やメッセージをやり取りしながら制作活動に取り組みます。そしてスクーリングを計画して直接交流の場をもち、友だちとのつながりをつくりながら活動し、単元終了時には、達成感や満足感を感じ合えるように、ビデオでお互いの頑張りを伝え喜び合う場をつくりたいと考えました。

④ 単元期間中は、「市特市」一色の生活になるように

毎月制作しているカレンダーの七月分を「市特市」の様子にし、販売している石けんや布製品のミニチュアを貼り付けた作品にします。そしてベッドサイドに貼って、保護者や訪問者が見て共に楽しめるようにします。また制作活動後、中学部製品の石けんで毎回手洗いしてその香りや手触りを味わったり、市場や販売活動にかかわる絵本を読んだりして、テーマに向けていろいろな場面で雰囲気を盛り上げるように工夫します。

訪問学級の活動においては、保護者もその大切な一員ですので、できる範囲で一緒に活動してもらえるように呼びかけます。友だちや家族と共に一連の活動に取り組むことで、毎日の生活が楽しく充実したものになってほしいと願い、活動を進めていきます。

2 単元におけるねがい

- 「市特市」の開催に向けて、ＰＲグッズ作りや広報活動に精いっぱい取り組んでほしい。
- 友だちとかかわり、友だちを意識しながら「市特市」の活動に取り組んでほしい。

3　計画を立てるにあたって

①　子ども主体の単元活動の進め方

- 見通しがもてるように、授業の流れをできるだけ毎回同じにし、繰り返し取り組む。
- 活動内容がわかるように、これまで取り組んできたなじみのある活動（制作活動、ビデオ視聴等）を取り入れる。
- 生徒の自然な動きが生きるように、広い紙面に自由に描く活動を取り入れる。また、手の重みで自然にゆっくり模様を付ける方法も工夫する。
- より活動しやすくなるよう、生徒の様子を見守りながら、補助具や支援方法を工夫し改善していく。
- 楽しく活動できるように、生徒の好きな音楽や手洗いの活動を取り入れる。
- 学部の友だちを意識し、共に取り組んでいることがわかるように、単元の開始時または単元期間中にスクーリングを計画し、友だちや教師と直接交流したり、直に製品に触れたりする場を設定する。また、友だちが活動している様子を視聴したり、友だちのことを話題にして語りかけたりしながら活動する。
- 友だちとのつながりがもてるように、生徒が家庭で取り組んでいる様子をビデオで学部の友だちに紹介したり、頑張ろうメッセージをお互いに伝え合ったりしたりしながら活動する。また、単元ニュースや集会で生徒の活動を紹介し、他学部の友だちにも取り組みを伝えて、つながりを広げる。

②　**主体性を支える場の設定・道具や補助具などの工夫**

- 安全に十分な活動ができるように、保護者と相談しながら学習環境を整える。

●活動内容がわかるように、初めに見本を提示し一緒に手で触れながら言葉をかける。また教師が本人の手を支え、一緒に動かしたり押したりする。
●体調に応じてベストの活動ができるように、制作する台紙の位置や範囲を調整する。
●満足感や達成感がもてるように、過多にならない程度の制作量を設定する。
●なるべく自分自身の動きで制作できるように、その日の腕や手の状態に応じて画材を選んだり持ち手を工夫したりする。直接絵の具を手に付ける場合は、絵の具を付ける部分を変えて調整しながら塗るようにする。
●手触りや感触、音、匂いといった触覚や聴覚、嗅覚等の感覚面からも楽しめるように、素材や制作方法を工夫する。

③　**共に活動しながらの支援**

●制作活動が徐々に自分の力でできるように、教師が手を添えて一緒に動かしながら生徒の動きをできるだけ感じ取り、生かすようにする。
●教師も一緒に作品を作ったり、「市特市」に向けた校内の様子や他の教師からのメッセージを伝えたりして、活動を盛り上げる。

4　日程計画

表4参照。

表 4　日程計画

月／日	主な活動	関連する活動
6/13	スクーリング（決起集会に参加） ・のぼり・オリジナルのチラシを作る ・家庭を訪問する方々にチラシを渡す 友だちの活動する様子をビデオで視聴する	7月カレンダー「市特市」の作成
本時 6/27		学部や全校へのビデオメッセージづくり
7/8・9 7/11	「市特市」 家庭で「市特市」の様子を視聴し振り返る	各学部への単元ニュースづくり

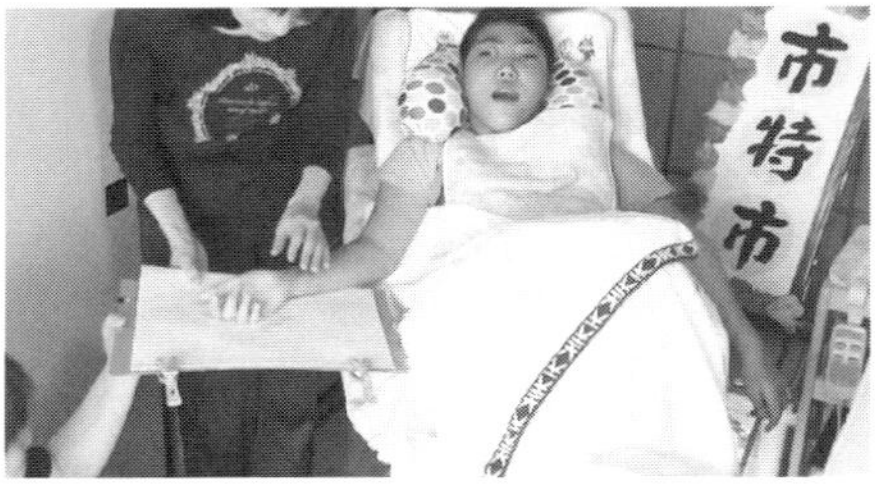

写真21　のぼりの制作をしている様子

写真22　園芸班の花屋台の横に立てたのぼり

写真23　訪問の「H」のレザーを貼ったマット

写真24 「H」のはんこを押したチラシ

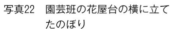

5 活動の様子

単元初日には、スクーリングで中高合同決起集会及び中学部の学部集会に参加することができました。これから共に「市特市」に向けて取り組んでいく大勢の友だちと一堂に会し、各作業班の発表を聞いたり、自分が取り組む活動内容を担任と一緒に友だちに伝えたりして、単元をスタートすることができました。中学部集会では、自分の発表を待つ間、発声と共に緊張が高まってきた様子でしたが、出番が来たときには表情が変わり、教師と一緒に発表する間とても穏やかな表情で座っていました。自分が今大切な活動をしていることがわかり、真剣に臨もうとしている様子がうかがわれました。

翌日から、家庭で活動する前に毎回決起集会で録画した映像を視聴したところ、目の動きを止めて聞き入っている様子がいつも見られました。そして集会の最後に全員で腕を挙げて声を揃えた「エイエイオー！」を聞いて、口元に笑みが浮かび、盛り上がった雰囲気の中でその日の活動を始めることができました。

活動する際には、できるだけ毎回同じ流れと内容で繰り返し取り組むよう心がけました。期間の初めは、絵の具を塗るときもはんこを押す際にも、手に教材や画材が触れると不思議そうな表情を浮かべ、教師が手を取って制作することが多かったのですが、毎日繰り返し活動するうちに徐々に慣れてきた様子で、自分からの動きや笑顔が見られ、穏やかな表情で精いっぱい活動に向き合っている様子を感じ取ることができました。やはり繰り返し取り組むことは、本人にとって活動がわかりやすく見通しをもって活動できることになり、「できる状況づくり」のための有意義な手立てであると再確認することができました。

友だちとのつながりについては、単元期間中に一度、中学部の全員でビデオを視聴する機会をつくり、生徒が

写真25　訪問学級の活動を視聴する中学部生徒

家庭でのぼりを制作している様子や石けんで手洗いしている様子、活動後に撮影したメッセージ等を伝えることができました。友だちの方も真剣に画面を見つめ、見終わった後で拍手を送ってくれました。この一連の活動を通して、中学部全員が生徒を「訪問学級の友だち」として温かく位置づけてくれていることが、生徒にも保護者にも伝わり、この単元の活動に対する主体的な姿勢や期待感へとつながったのではないかと感じます。販売会当日は、生徒が売り場に行くことはできませんでしたが、制作したのぼりやマットが中学部の売り場で活用されている様子や、友だちや教師たちのメッセージを後日視聴しました。生徒のみならず保護者も一緒に画面に見入っており、生徒に向けて語りかける温かいメッセージの一つひとつを喜んでいました。そして、盛り上がった雰囲気と達成感の中で、単元を終了することができました。

6　今後に向けて

本単元に取り組んだ時期は、生徒の状態をまだ十分に把握し切れておらず、その日の生徒の様子に応じたより良い支援を、一緒に活動する中で探っている状況でした。そのため、活動する前に生徒の様子から適切な補助の仕方や活動量等を見極め、臨機応変に調整しながら活動できるまでには至らなかったことが反省点です。帰校後、撮影した映像で振り返りを行った際に、あのときもう少し待ったら生徒自らの動きが出て、もっと作品作りに生かせたのではないかとか、補助をする手元に集中するあまり生徒の表情や細かな変化に気づいていなかった等の反省点がありました。生徒がより自然にスムーズに腕や手を動かせるための補助具や適切な補助の仕方、教材や活動内容等についても、まだまだ工夫と改善の余地があると感じます。

今後も生徒の体調や様子について理解を深め、思いに寄り添いながら、生徒の好きな感覚や活動を探っていきたいと考えます。また「できる状況づくり」を常に意識し、教材や補助具、支援の在り方等を工夫しながら、生徒が楽しいと感じる授業づくりをめざします。そして、この単元で生まれた友だちとのつながりを、次の単元でも生かし保ちながら、生活のテーマを友だちと共有して活動できる学習内容を考えていきたいと思います。

Ⅷ

新学習指導要領が描く知的障害教育

一　変化を前進の契機に

本書ではこれまで、新しい学習指導要領の時代に、知的障害教育の授業、とりわけ各教科等を合わせた指導のありようを考えてきました。

特支新指導要領の中でも知的障害教育教科の示し方の変更は、なんと言っても大きな関心事です。筆者自身、現場の先生方から、各教科等を合わせた指導の今後への不安の声を耳にすることが少なくないのは事実です。そのことが本書刊行の動機の一つになっているのですが、学習指導要領が改訂されれば、不安や動揺が少なからず起こるのは、いつの時代にも知的障害教育に限ったことではありません。変化は必ず起こるのですから、その変化を正しく、そして前向きに捉え、実践で学習指導要領を先導することこそが必要でしょう。

さて、筆者は、現場の先生方の不安や動揺を承知しつつ、特支新指導要領が描く知的障害教育に対しては、大きな希望をもっています。その根拠については、Ⅰ章を初め、本書全体を通じて述べてきたつもりですが、以下では、これまでの特支新指導要領の歴史的変遷をふり返りながら、特支新指導要領が描くこれからの知的障害教育を考えていきたいと思います。知的障害教育教科やそれを指導する方法である各教科等を合わせた指導の変遷を通じて考えます。

二　通常の教育との連続性の充実

特支新指導要領では、知的障害教育教科は、その目標及び内容の示し方を、通常の教育のそれらに準じました。このことが、「知的障害教育教科が通常の教科と同じになってしまった」という印象を与え、各教科等を合わせた指導が好きな先生方の動揺につながっているようです。

しかし、ここで冷静に考えれば、I章でも確認しましたように、通常の教育の教科の目標及び内容の示し方も、今回の改訂で大きくその様相を変えているのです。筆者は個人的には、通常の教育の先生方の方が、これからたいへんなのではないかな、と思っています。新指導要領が示す新しい教科の考え方を実践していくには、教師も新しい発想が求められるからです。

それほど、通常の教育の教科はその示し方（ということは、捉え方）が変わりました。従前の整然とした教科の殻を破るように、それぞれの教科ごとに「育成を目指す資質・能力」を大胆に捉え直しています。小学校や中学校の新指導要領を見ますと、教科ごとに必ずしも項立てがそろっていないのがわかります。そこには未整理というより、教科ごとに、「この教科が示す『育成を目指す資質・能力』とはこれだ！」という勢いを感じます。新しい教育への気概を感じるのです。

通常の教育に新しい風が吹いています。

知的障害教育教科が、通常の教育の教科と目標及び内容の示し方をそろえたというのは、そのような風の中でのことであることに留意しなければいけません。知的障害教育教科はそのような新しい教科の考え方に協調したのです。その目標及び内容の本質は、従前の知的障害教育教科と変わるものではありませんが、通常の教育と相通ずる部分や通常の教育で取り扱われていた内容で、取り入れられるものは取り入れた形式になっていると言えます。通常の教育の示し方に準じたのではなく、厳密に言えば、通常の教育、知的障害教育それぞれが、新しい共通フォーマットを採用して教科を示したという方が、正確な表現であると筆者は考えます。

この共通フォーマットの採用ということから導かれるのは、この示し方によって知的障害特別支援学校と通常の学校との連続性が明確になったということです。これまでも知的障害特別支援学校から通常の学校に籍を移す児童生徒がいました。その場合に、スムーズに学習の移行を図ることには個別の対応がなされていましたが、双方の教科の目標及び内容の示し方の相違は、一定のハードルとなっていたと見られます。そのことを解消するために、新指導要領における教科の示し方の共通化が大きく貢献することが期待されます。

三　歴史的変遷から見る連続性

しかし、知的障害教育での学習指導要領の歴史的変遷の中では、このような姿勢は、実は一九六三年の制定指導要領の時点ですでに行われていたのです。

制定指導要領の作成前段階、斯界では、教育内容を教科によらない「領域」によって示す作業が進められていました。既存の教科の枠では、知的障害教育にふさわしい生活の自立を図る教育内容を組織することが難しいと考えられていたからです。「領域」は今でも幼稚園教育要領や幼稚部教育要領で採用されている教育内容の枠ですが、教科によらない経験内容等を組織しやすい枠です。これを知的障害教育でも採用しようとしたのです。

しかし、法令上、知的障害教育も通常の教育に準ずることとされていたため、通常の教育と同じく教科によって目標及び内容を示すこととなりました。しかし、その具体的な目標及び内容は、知的障害のある子どもにふさわしいものとして独自に構想されました。これは、単なる法令上の制約だけが理由ではありません。領域によって整理されていた知的障害教育の内容も、各教科に再構成することが可能であったからでもあります。生活の自立に必要な内容は、子どもの発達の段階を踏まえつつ、実際的な内容で整理されていましたが、各教科に整理し直すことで、生活の自立に必要な内容が、通常の教育の系統的な教科と重なることが少なくないことが示されました。

これは続く一九七一年の第一次改訂における教科「生活」新設によって、いっそう明確になりました。制定指導要領で、国語や算数などに割り振られていた生活に必要な内容の中に、新教科「生活」に集約されたものが少なくなかったからです。結果的に、知的障害教育教科と通常の教育の教科の内容的連続性は、いっそう明確になりました。

以上のような歴史的経過を踏まえれば、今回の特支新指導要領における知的障害教育教科の目標及び内容の示し方の見直しは、知的障害教育における学習指導要領改訂の流れの中に正しく位置づけることが可能なのです。

四　生活を豊かにする教育のさらなる前進

制定指導要領以来の知的障害教育教科の確立過程と平行して、実践現場では、生活に生きる力を育成する教育への努力が精力的に進められました。これが、本書の主役である各教科等を合わせた指導の充実であり、それと対をなす、生活に生きる教科別の指導や領域別の指導の充実でした。

単に系統的な知識・技能の学習に終始するのではなく、子どもの発達の段階と生活に合わせ、生活の自立を図る教育が精力的に展開されました。知的障害教育教科は、その指導を方向づける、生活の自立に必要な内容を示すものでした。

本来、各教科等を合わせた指導に分類された生活単元学習等は、生活主義教育の指導法でした。二〇世紀の世界の教育界はデューイの登場によって、「生活か教科か」「経験か系統か」の激しい対立が続きました。戦後、GHQの指導により、デューイの経験主義教育が導入された我が国の教育界においても例外ではありませんでした。知的障害教育も一九六〇年代以降にはその影響を受けています。

「生活か教科か」の激しいせめぎ合いが今でも続いているのは悲しいことですが、論争が激化した一九六〇年代に生活単元学習等を「教科を合わせる」という言い方にしたことで、この論争は収束に向かっていくべきであったと筆者は考えます。筆者の恩師である小出進先生がすでに約四〇年前に「生活か教科か」の終焉を主張されていますが、その根拠は、生活単元学習等の生活の教育の内容を教科という枠で示したことにあります。生活の内容を教科で示したことで、既存の教科の概念が拡大されたのですから、もはや対立の軸はなくなっているはずです。そして、今日、新指導要領は通常の教育の教科の概念を大きく変えたのですから、いっそう対立の必要はなくなっていると考えます。

新指導要領における知的障害教育教科もその役割をいっそう強く担うことになるであろうと、筆者は考えます。なぜなら、今回の改訂では、すべての学習指導要領が、生きて活用できる力としての「育成を目指す資質・能力」を重視しているからです。だからこそ、知的障害教育教科が大切にしてきた、生活の自立に必要な力としての内容のいっそうの充実を図り、今日的な「育成を目指す資質・能力」として、実践的にブラッシュアップしていくことが求められます。そこには、すべての学習指導要領を貫く教育内容論である「育成を目指す資質・能力」が共通言語として存在します。

かつて実践現場が「生活か教科か」の論争に疲弊した時代を今度こそ終わりにしたいのです。教科の概念が大胆に改められていく過程で、もはやこのような不毛な議論は過去のものとなったのですから。知的障害教育教科と通常の教育の教科が、形式的な連続性ばかりではなく、子どもの豊かな生活を実現するという理念においても連続していることを確認し、自由な教育実践の展開をと願います。

五　自由な教育実践の発展

知的障害教育の現場では、各教科等を合わせた指導を中心に、自由で発想豊かな教育実践を生み出してきました。一方で、教科別の指導や領域別の指導も、各教科等を合わせた指導と有機的につながりながら、その教育実践を充実させてきました。実践現場の自由を尊重するという制定指導要領以来の姿勢は、もちろん教科別の指導を中心とした実践を行う自由も保障し、それぞれに切磋琢磨し、生活の自立を目指す、体系的・組織的な教育の発展に寄与してきました。これは、新指導要領が言うところの「カリキュラム・マネジメント」に通じます。生活の自立を目指し、仲間と共に、主体的に活動する授業は「主体的・対話的で深い学び」の具体化ということができます。これら知的障害教育実践の積み重ねは、まさに新指導要領が指し示す方向です。新指導要領を実践現場が正しく理解し、自由に実践をつくりだしていくことで、知的障害教育のさらなる発展が期待できます。新指導要領には、それだけの力があると筆者は考えるのです。

あとがき

本書は、新しい学習指導要領の下で、各教科等を合わせた指導をますます生き生きと実践できたらという思いで作成しました。

本書は、これまで筆者が関係誌等に執筆してきたものに基づく記述を含みます。いずれも初出時より各誌に掲載されたものを見直し、加除修正を行いました。中には大幅に改稿したものもありますが、当該箇所と初出文献を以下に示します。

Ⅱ章二　『特別支援教育研究』七二七号（東洋館出版社、二〇一八年三月）
Ⅱ章三　『特別支援教育研究』七一一号（東洋館出版社、二〇一六年一一月）
　　　　『発達障害研究』第三九巻第三号（日本発達障害学会、二〇一七年八月）
Ⅱ章四　『特別支援教育研究』七二六号（東洋館出版社、二〇一八年二月）
Ⅱ章五　『特別支援教育研究』七一八号（東洋館出版社、二〇一七年六月）
Ⅲ章二　『特別支援教育研究』六八六号（東洋館出版社、二〇一四年一〇月）
Ⅳ章一　『特別支援教育研究』七一七号（東洋館出版社、二〇一七年五月）
Ⅳ章三　『発達教育』二〇一六．九（発達協会、二〇一六年八月）

Ⅴ章一　『発達障害研究』第三五巻第四号（日本発達障害学会、二〇一三年一一月）
Ⅴ章二　『特別支援教育研究』七一三号（東洋館出版社、二〇一七年一月）
Ⅶ章　『特別支援教育研究』七二四号（東洋館出版社、二〇一七年一二月）

快く、本書への掲載をお許しくださいました各誌のみなさまに心よりお礼申し上げます。ありがとうございました。

Ⅵ章は、実践事例編ということで、筆者が長く学ばせていただいています高知市立高知特別支援学校の先生方にご寄稿いただきました。ありがとうございました。

本書の刊行は、東洋館出版社の大場亨部長のお声かけにより実現しました。大場さんには本書の構成等で貴重なご指導をいただきました。『特別支援教育研究』誌の編集等で長くご指導いただいている大場さんのご支援は、筆者にはいつも心強くあります。ありがとうございました。

最後に、本書の中で、もしも読者のみなさまに真に有益な内容があったとすれば、それはすべて筆者の恩師である小出進先生のご指導をいただいてこそのことです。小出進先生が忍耐をもって筆者をご指導くださっていなければ、本書はおろか筆者のすべての仕事はあり得ません。ここに恩師への心からなる感謝の思いを述べ、本書を閉じます。

二〇一八年六月　　名古屋恒彦

執筆者一覧

【編著者】

名古屋　恒彦（なごや　つねひこ）

植草学園大学教授

1966年生まれ。千葉大学卒業、千葉大学大学院修士課程修了。博士（学校教育学、兵庫教育大学）。千葉大学教育学部附属養護学校教諭、植草学園短期大学講師、岩手大学講師、助教授・准教授、教授を経て、現職

著書に、『特別支援教育　「領域・教科を合わせた指導」のABC』（東洋館出版社、2010年）、『特別支援教育　青年期を支える「日常生活の指導」Q&A』（同、2012年）、『知的障害教育発、キャリア教育』（同、2013年）、『特別支援教育に生きる心理アセスメントの基礎知識』（滝吉美知香との共編著、同、2015年）、『わかる！できる！「各教科等を合わせた指導」』（教育出版、2016年）他

【執筆者（所属は2018年６月現在）**】**

名古屋恒彦	上掲：まえがき、Ⅰ～Ⅴ章、Ⅶ章、あとがき
楠瀬　由紀	高知市立高知特別支援学校教諭：Ⅵ章一
大﨑　利恵	高知市立高知特別支援学校教諭：Ⅵ章二
岡　　浩子	前高知市立高知特別支援学校教諭：Ⅵ章三
山岡　千紗	高知市立高知特別支援学校教諭：Ⅵ章四
阿波谷淑子	高知市立高知特別支援学校教諭：Ⅵ章五

アップデート！　各教科等を合わせた指導
～豊かな生活が切り拓く新しい知的障害教育の授業づくり～

2018（平成30）年 8 月 5 日　初版第 1 刷発行

編著者　名古屋　恒彦
発行者　錦織　圭之介
発行所　株式会社東洋館出版社
〒113-0021
東京都文京区本駒込5丁目16番7号
営業部　電話03-3823-9206　FAX03-3823-9208
編集部　電話03-3823-9207　FAX03-3823-9209
振　替　00180-7-96823
URL　http://www.toyokan.co.jp

印刷・製本　藤原印刷株式会社
装丁・本文デザイン　中濱　健治

ISBN978-4-491-03556-7
Printed in Japan